JN035656

Deutsch elementar

Ein Ausflug in die deutsche Sprache

ドイツ語の基礎 ― 新しい視点から

Atsushi Imai

Katsumi Nakane

Hideya Hayashi

Daichi Moriguchi

Dogakusha Verlag

表紙・本文写真：今井敦、林英哉（p.105）

表紙デザイン：XYLO

本文イラスト：ありよしきなこ

まえがき

　皆さんは今、日本語と英語に次ぐ三つ目の言語を、初めて自分で選択して学び始めることに、わくわくしていると思います。実際、これから皆さんが学ぼうとしている言語を、ある程度の期間しっかり学ぶことができるチャンスは、人生で二度とは訪れないかもしれません。他方、二つ目の外国語を学ぶ必要性とは何か、それを学ぶことに何の意味があるのか、と、不安や疑問を抱いている人もいるでしょう。それは、ものごとをいろんな角度から見ることができるようになるためであり、様々な考え方を理解し、お互いに認め合うことができるようになるためですと答えたら、分かってもらえるでしょうか。言語とは、情報を伝えるだけの道具や機械ではありません。これまでどんな言語環境の中で育ってきたか、今どんな言葉を使って生きているのか、ということは、その人の人格に深い影響を及ぼし、考え方、感じ方、価値観に否応なく投影されます。私たちの多くは、日本語世界の中へと生まれ、その中で育ち、そして義務として英語を学んできました。こうした歴史は私たちに、日本語に即した世界観を強いる一方、英語的な見方や考え方によって日本語世界を相対化することを可能にしてくれています。しかしまたそれは、日本語と英語という二極のみで世界を解釈する二元論のうちに、私たちを閉じ込めてしまうかもしれません。それではものごとを多角的に捉えたことにならないのです。誰もが大多数の人と同じことを学び、誰もが大多数の人と同じようにしか考えない社会では、異なるもの、新しいものは締め出されます。だからこそ今、みなさんが三つ目の言語を選び、先生の助言を聞きながら自分の力でこれを習得していくことは、人生にようやく訪れた、新しい世界への出発の機会と言えるのです。

　こうした前提から、この教科書は、ドイツ語教科書も数多く存在する中で、なるべく他にはない視点、他にはないトピックを取り上げることにしました。オーストリアや南チロルの話が多いのはそのためです。ドイツ語という、皆さんにとって新しい言語を通じて、ほかのみんなが知っていることを学ぶのではなく、この教科書にしかないことに出会ってほしいと願うからです。

　本書の作成には多くの人たちの助けをお借りしました。大部分の責任は今井が負っていますが、全体の執筆者4人のほか、コラムの執筆は國重裕さんにもご協力いただきました。全体のチェックは、ネイティヴ・スピーカーである Waltraut Ohashi さん、Thomas Schökler さん、Bertlinde Voegel さんにもお願いしました。また、大松佳代子さんには、教科書作成の当初に多くの貴重なアイディアをいただき、同学社の石坂裕美子さんには、遅々として進まない本書の制作を叱咤激励して、完成へと導いていただきました。上記の方々に心より感謝申し上げます。

2022 年 9 月
著者一同

もくじ

Im Studentenwohnheim – Was machst du in Wien?

文法：「人称」と「数」/ 動詞の変化 / 定動詞の位置

会話練習：紹介する　・関連地図 ①

Monika zeigt der Freundin die Stadt – Izumi schenkt der Freundin etwas

文法：名詞の性と冠詞 / 冠詞と人称代名詞の使い方 / 格

会話練習：「これは何ですか？」「どう思いますか？」

Izumis Umzug – In einem Kaffeehaus

文法：人称代名詞の格変化 / 不規則動詞 / 命令法

会話練習：Café で注文して、支払う

Monikas Hobby – Mineralwasser oder Leitungswasser? – Albert hat zwei Brüder

文法：定冠詞類 / 不定冠詞類 / 否定表現 / 複数形 / 疑問詞 wer と was

会話練習：趣味や好きな飲物・食物を訊ねる

Verkehrsverbindung – Orte in Österreich

文法：前置詞 / 接続詞

会話練習：時間を表現しよう

Ausflug nach Hallstatt – Fahrkarten

文法：分離動詞と非分離動詞 / 助動詞

会話練習：分離動詞や助動詞を使って表現する

Es darf kein Tag ohne Musik vergehen! – Österreich und seine Dialekte – Musikleben in Wien

文法：再帰表現 / zu 不定詞 / 形容詞

会話練習：日にちの表現、頻度の表現

Herzlich willkommen zu unserem Deutschkurs!

Das Alphabet

🎧 2

活字体	字　名	発音	活字体	字　名	発音
A　a	[aː]　アー	[a]	R　r	[ɛr]　エル	[r], [ʁ]
B　b	[beː]　ベー	[b]	S　s	[ɛs]　エス	[s]
C　c	[tseː]　ツェー	[ts]	T　t	[teː]　テー	[t]
D　d	[deː]　デー	[d]	U　u	[uː]　ウー	[u]
E　e	[eː]　エー	[e]	V　v	[faʊ]　ファオ	[f]
F　f	[ɛf]　エフ	[f]	W　w	[veː]　ヴェー	[v]
G　g	[geː]　ゲー	[g]	X　x	[ɪks]　イクス	[ks]
H　h	[haː]　ハー	[h]	Y　y	[ˈʏpsilɔn]　ユプスィロン	[ʏ]
I　i	[iː]　イー	[i]	Z　z	[tsɛt]　ツェット	[ts]
J　j	[jɔt]　ヨット	[j]			
K　k	[kaː]　カー	[k]			
L　l	[ɛl]　エル	[l]			
M　m	[ɛm]　エム	[m]	ß	[ɛs ˈtsɛt]　エス・ツェット	[s]
N　n	[ɛn]　エヌ	[n]			
O　o	[oː]　オー	[o]	Ä　ä	[aː ʊmlaʊt]　アー・ウムラウト	[ɛː]
P　p	[peː]　ペー	[p]	Ö　ö	[oː ʊmlaʊt]　オー・ウムラウト	[øː]
Q　q	[kuː]　クー	[k]	Ü　ü	[uː ʊmlaʊt]　ウー・ウムラウト	[yː]

1. つづりを読んでみましょう。

🎧 3

1) EU　　2) BRD　　3) ÖBB　　4) TV　　5) USA　　6) ORF

2. 聞き取ったつづりを書きましょう。

1) _____　　2) _____　　3) _____　　4) _____　　5) _____

Aussprache

> ドイツ語の単語を発音する際の **3** つの原則
>
> ① ローマ字読み
>
> ② アクセントは第 1 音節（第 1 母音）に置く
>
> ③ アクセントのある母音は
>
>   子音字が 1 個の前では：長くのばす   N**a**me / g**u**t
>
>   子音字 2 個以上の前では：短く発音   H**a**nd / W**e**st

1）母音字の発音（単語を読んでみましょう）

a	Name	名前	Mann	男
e	geben	与える	elf	11
i	Tiger	虎	singen	歌う
o	oben	上に	kommen	来る
u	gut	良い	und	～と～

2）ドイツ語固有の母音字

ä（エー／エ）	Käse	チーズ	hängen	掛ける
ö	Öl	油	öffnen	開く
ü	grün	緑	Glück	幸運

3）母音字が連続するとき

ei / ai / ey / ay（アイ）	Arbeit	仕事	Eis	氷	Meyer	マイアー
äu / eu（オイ）	Gebäude	建物	heute	今日	Europa	ヨーロッパ
ie（イー）	fliegen	飛ぶ	Liebe	愛		

＊ Familie（家族）など、ie にアクセントのない外来語彙は例外。

4）必ず長く発音

aa / ee / oo		Haar	髪	Tee	お茶	Boot	ボート
ah / eh / uh / oh		gehen	行く	Uhr	時計		

＊ h は読まない。Johann は例外。

＊「アクセントは第 1 音節」の原則は、外来語彙には当てはまりません。

     April   4月   August   8月   Moment   瞬間   Familie   家族

5）子音字の発音

3つの原則に加えてさらに注意を要する発音規則を説明します。

8

---

b / d / g 濁る場合（有声音）と、濁らない場合（無声音）があります。

母音の前：[b] [d] [g] (有声音)	Baum 木　Danke ありがとう　Gott 神
r あるいは l の前：[b] [d] [g] (有声音)	Blume 花　drei 3　Glas ガラス
語末、他の子音字の前：[p] [t] [k] (無声音)	halb 半分　Hand 手　Tag 日　Herbst 秋

---

s 濁る場合、濁らない場合、[ʃ]「シュ」と発音する場合があります。

母音の前：[z] (有声音)	Salz 塩　also つまり　Käse チーズ
語末や子音字の前：[s] (無声音)	das それ　gestern 昨日
語頭で t あるいは p の前：[ʃ]	Student 学生　sprechen 話す

---

sch [ʃ]　Englisch 英語　Schule 学校　schön 美しい
tsch [tʃ]　Deutsch ドイツ語　Tschechien チェコ
ss / ß 両方とも濁らない [s]　Fußball サッカー　dass 〜こと　essen 食べる

---

ch [x] a, o, u, au の後：　ach ああ　doch でも　Buch 本　auch 〜も
　　[ç] 上記以外の場合：　ich 私　recht 正しい　Chemie 化学　Mädchen 少女

-ig [iç]　König 王　lustig 楽しい
chs / x [ks]　sechs 6　Taxi タクシー
ja / ju / jo (「ヤ」「ユ」「ヨ」)　Japan 日本　jung 若い　Johann ヨーハン
v (f に同じ) [f] (無声音)　Vater 父　viel 多くの　Nerv 神経

＊外来語彙では v を有声音 [v] で発音する場合もあります。

Klavier ピアノ　nervös 神経質な

w [v] (有声音)　Wein ワイン　was 何
z [ts]　Zahn 歯　Tanz ダンス
dt [t]　Stadt 都市
r [ʁ] [r]　喉をごろごろいわせる発音、巻き舌の発音など、地域や個人差があります。

Reise 旅　herüber こちらへ　fragen 問う

r [ɐ]　母音の後や語末の r は母音化して「ア」に近くなることがあります。

Ohr 耳　Mutter 母

曜日・季節・月・数字

1）曜日を発音しましょう。

Montag	Dienstag	Mittwoch	Donnerstag	Freitag	Samstag / Sonnabend	Sonntag
月	火	水	木	金	土（二通りあります）	日

2）四季の発音を練習しましょう。

Frühling	Sommer	Herbst	Winter
春	夏	秋	冬

3）月の発音を練習しましょう。

Januar / Jänner	Februar	März	April	Mai	Juni	Juli
1月	2月	3月	4月	5月	6月	7月

August	September	Oktober	November	Dezember
8月	9月	10月	11月	12月

4）数字を発音練習しましょう。

0	null	10	zehn	20	zwanzig
1	eins	11	elf	21	einundzwanzig
2	zwei	12	zwölf	22	zweiundzwanzig
3	drei	13	dreizehn	30	dreißig
4	vier	14	vierzehn	40	vierzig
5	fünf	15	fünfzehn	50	fünfzig
6	sechs	16	sechzehn	60	sechzig
7	sieben	17	siebzehn	70	siebzig
8	acht	18	achtzehn	80	achtzig
9	neun	19	neunzehn	90	neunzig

100	(ein)hundert	1.000	(ein)tausend
101	(ein)hunderteins	2.345	zweitausenddreihundertfünfundvierzig
112	(ein)hundertzwölf	10.000	zehntausend
340	dreihundertvierzig	1.000.000	eine Million
999	neunhundertneunundneunzig	2.000.000	zwei Millionen

5）年号を読みましょう。

1945 年	neunzehnhundertfünfundvierzig
2023 年	zweitausenddreiundzwanzig

挨拶の表現を練習しましょう。意味は先生に訊きましょう。

（斜体は地域的表現）

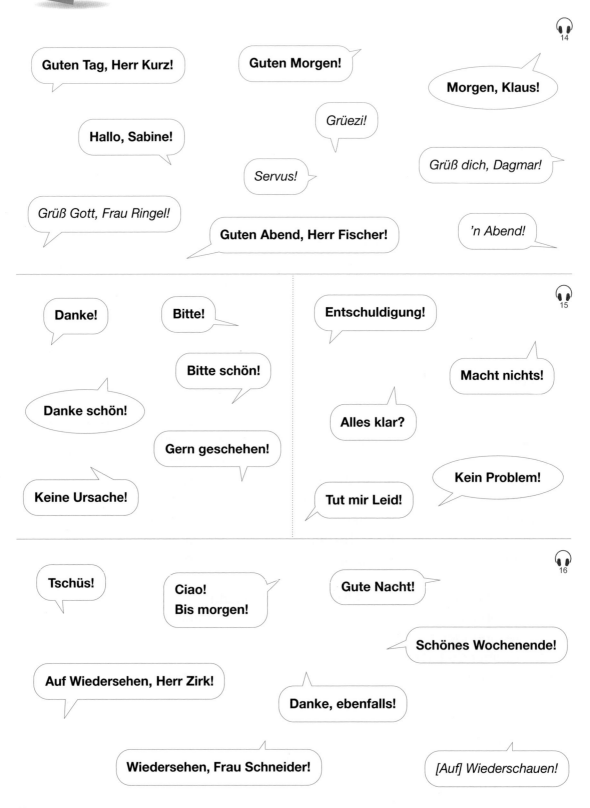

Guten Tag, Herr Kurz!

Guten Morgen!

Morgen, Klaus!

Hallo, Sabine!

Grüezi!

Grüß dich, Dagmar!

Servus!

Grüß Gott, Frau Ringel!

Guten Abend, Herr Fischer!

'n Abend!

Danke!

Bitte!

Bitte schön!

Danke schön!

Gern geschehen!

Keine Ursache!

Entschuldigung!

Macht nichts!

Alles klar?

Kein Problem!

Tut mir Leid!

Tschüs!

Ciao!
Bis morgen!

Gute Nacht!

Schönes Wochenende!

Auf Wiedersehen, Herr Zirk!

Danke, ebenfalls!

Wiedersehen, Frau Schneider!

[Auf] Wiederschauen!

W. A. モーツァルトが曲をつけた『春への憧れ』を聴き、歌詞を発音してみましょう。
17

Sehnsucht nach dem Frühling　春への憧れ

Text: Christian Adolf Overbeck　Musik: Wolfgang Amadeus Mozart　(KV. 596, 1791)

Komm, lieber Mai, und mache	大好きな五月よ、来て、
Die Bäume wieder grün,	木々を緑に染めておくれ
Und laß mir an dem Bache	そして小川のほとりに
Die kleinen Veilchen blüh'n!	小さい菫を咲かせておくれ！
Wie möcht' ich doch so gerne	菫にまた会うことができたら
Ein Veilchen wieder seh'n!	どんなに嬉しいことか！
Ach, lieber Mai, wie gerne	ああ、大好きな五月よ、
Einmal spazieren geh'n!	散歩に出たくてたまらないよ！
Zwar Wintertage haben	たしかに冬の日にも
Wohl auch der Freuden viel;	楽しいことは沢山ある。
Man kann im Schnee eins traben	雪の中をのしのし歩けるし、
Und treibt manch Abendspiel;	晩にはいろんなゲームもする。
Baut Häuserchen von Karten,	カードの家を作ったり、
Spielt Blindekuh und Pfand;	目隠し鬼ごっこや罰金遊びをしたり、
Auch gibt's wohl Schlittenfahrten	橇に乗って
Aufs liebe freie Land.	広々した大地を走ったりもする。
Ach, wenn's doch erst gelinder	ああ、戸外が暖かくなって
Und grüner draußen wär'!	緑色に染まってくれたら！
Komm, lieber Mai, wir Kinder,	大好きな五月よ、来ておくれ、
Wir bitten dich gar sehr!	ぼくたち子供がお願いするよ！
O komm und bring vor allen	来て、ぼくたちに
Uns viele Veilchen mit!	とりわけ沢山の菫を持ってきて！
Bring auch viel Nachtigallen	何羽ものナイチンゲールと
Und schöne Kuckucks mit.	綺麗なカッコウも連れてきて！

Innsbruck, März

Salzburg, Blick vom Mönchsberg

Schloss Schönbrunn, Wien

18

> Hallo, ich heiße Monika.
> Ich komme aus Salzburg.
> Ich wohne in Wien.

> Guten Tag! Mein Name ist Izumi Nagano.
> Ich bin Japanerin. Ich komme aus Kyoto.
> Ich studiere Klavier.

> Grüß Gott! Mein Name ist Kento Yokoi.
> Ich komme aus Tokio.
> Ich studiere jetzt in Wien.

> Servus! Ich bin Albert. Ich komme aus Südtirol und
> studiere Mathematik in Wien.

Hallo! Ich heiße ... / Ich komme aus ... / Ich wohne in ... / Ich bin ...

*Grüß Gott! と Servus! は南ドイツからオーストリアにかけて使われる挨拶です。

Lektion 1

DIALOG 1 *Im Studentenwohnheim*

Monika : Hallo, ich bin Monika.

Izumi : Hallo, ich heiße Izumi.

Monika : Woher kommst du?

Izumi : Ich komme aus Japan, aus Kyoto.

Monika : Ah, aus Kyoto.

Izumi : Und du? Kommst du aus Deutschland?

Monika : Nein, ich bin Österreicherin und komme aus Salzburg. Ich studiere hier in Wien.

Izumi : Ah, ich auch.

DIALOG 2 *Was machst du in Wien?*

Monika : Hallo, Izumi. Das ist Kento.

Izumi : Hallo! Ich komme aus Kyoto. Woher kommst du?

Kento : Ich komme aus Tokio. Bist du schon lange in Österreich?

Izumi : Nein, ich bin erst[1] drei Wochen hier. Ich studiere Klavier. Was machst du in Wien?

Kento : Ich studiere Philosophie. Monika studiert auch Philosophie.

Monika : Ja, genau[2].

1) erst: ようやく、やっと
2) Ja, genau: ええ、そのとおり

★前置詞を覚えよう。ほかにはどんな風に言えるかな？

in Wien / **in** Tokio / **in** ...

aus Osaka / **aus** München / **aus** ...

Grammatik 「人称」と「数」/ 動詞の変化 / 定動詞の位置

Wie heißen Sie? － Ich heiße Lotte Lehmann.

Woher kommen Sie ? － Ich komme aus München.

Wo wohnen Sie? － Ich wohne in Kyoto.

1 「人称」と「数」

人称って何だろう？	「私」って誰？ 「お前」は誰だ！？ 「3 人称」とは？
	人間以外は何「人称」？？？
単数形と複数形	2 人も 100 人も同じ？

◆ ドイツ語には**単数**と**複数**があります。

◆ 2 人称は、親しい人に対して使う**親称 du** と、初対面や目上の人に使う**敬称 Sie** があります。

　⇒ du は家族、親戚、友達、初対面でも子供や若者同士であれば使うのに対し、Sie は距離を取るべき

　　相手に対して使うので、冷たく聞こえることもあります。

■ 主語として使う人称代名詞には次のものがあります。（表内の「　」を日本語で埋めなさい。）

単数			複数		
1 人称「　　　」		**ich**	1 人称「　　　」		**wir**
親称 2 人称「　　　」		**du**	親称 2 人称「　　　」		**ihr**
3 人称	男性「　　　」	**er**	3 人称「　／　／　」		**sie**
	女性「　　　」	**sie**			
	中性「　　　」	**es**			

敬称 2 人称 「あなたは / あなた方は」	**Sie**

　では、神様に呼びかけるときは敬称 Sie、親称 du どちらを使うのでしょう？

2 動詞の変化

◆ 辞書の見出し語では、ほとんどの動詞は -en、若干の動詞は -n で終わります。

　例）lernen / arbeiten / heißen / lächeln / tun

◆ -en / -n を**語尾**、それ以外の部分を**語幹**と呼びます。

lern-en	
語幹	語尾

◆ 大部分の動詞は、**語尾のみ**変化します。

◆ **-en / -n** で終わる形（原形）を不定詞、
主語に応じて変化したものを定動詞と呼びます。

不定詞 （原形）	**lernen**
定動詞 （変化した形）	ich lerne
	du lernst
	er lernt
	wir lernen
	ihr lernt
	sie lernen
	Sie lernen

1）人称・数による動詞の変化（規則動詞）

		人称代名詞（主語）			**wohnen**	**arbeiten**	**heißen**	**lächeln**
単数	1人称	ich			wohne	arbeite	heiße	lächle
	2人称	du			wohnst	arbeitest	heißt	lächelst
	3人称	er	sie	es	wohnt	arbeitet	heißt	lächelt
複数	1人称	wir			wohnen	arbeiten	heißen	lächeln
	2人称	ihr			wohnt	arbeitet	heißt	lächelt
	3人称	sie			wohnen	arbeiten	heißen	lächeln
敬称2人称		Sie			wohnen	arbeiten	heißen	lächeln

◆ arbeiten のように、語幹が -t, -d, あるいは子音＋m か n で終わる動詞は du, er / sie / es, ihr が主語のとき、発音しやすくするため、語尾の前に e を入れます。

◆ heißen のように語幹が -s, -ß, -ss, -z で終わる動詞は du が主語のとき、-t のみ付けます。

◆ lächeln のように不定詞の語尾が -n のみで、後半が -eln という形の動詞は、ich が主語のとき、真ん中の e を省きます。

◆ wir, sie（複数）, Sie（敬称）が主語のとき、不定詞と同じ語尾（-en または -n）になります。

2）不規則な変化をする重要動詞

◆ 動詞 sein は英語の *be* 動詞に相当します。
「〜である」「〜にいる」など

◆ 動詞 haben は英語の *have* に相当します。
「〜を持っている」など

不定詞	**sein**	**haben**
定動詞	ich bin	ich habe
	du bist	du hast
	er ist	er hat
	wir sind	wir haben
	ihr seid	ihr habt
	sie sind	sie haben
	Sie sind	Sie haben

3　定動詞の位置

◆ 平叙文（通常の文）では、文中の **2番目** に置きます。

Er arbeitet heute in der Bibliothek.　　彼は今日、図書館で勉強する。

Heute arbeitet er in der Bibliothek.　　今日、彼は図書館で勉強する。

In der Bibliothek arbeitet er heute.　　図書館で彼は今日、勉強する。

◆ 疑問詞を使った疑問文では、疑問詞のあとに置きます。（文中の **2番目**）

Was macht er in der Bibliothek?　　彼は図書館で何をしますか。

Wo ist er heute?　　彼は今日、どこにいますか。

Wann kommt er nach Hause?　　彼はいつ、家に帰ってきますか。

ほかに、wie（どのような？）woher（どこから？）warum（なぜ？）wer（誰が？）
wohin（どこへ？）などの疑問詞があります。

◆ 決定疑問文（「はい」か「いいえ」で答える疑問文）では、**文頭** に置きます。

Kommt er nach Hause?　　彼は家に帰ってきますか。

－ Ja, er kommt nach Hause.　　はい、彼は家に帰ってきます。

Ist er heute zu Hause?　　彼は今日家にいますか。

－ Nein, er ist heute nicht zu Hause.　　いいえ、彼は今日家にいません。

関連地図 ①

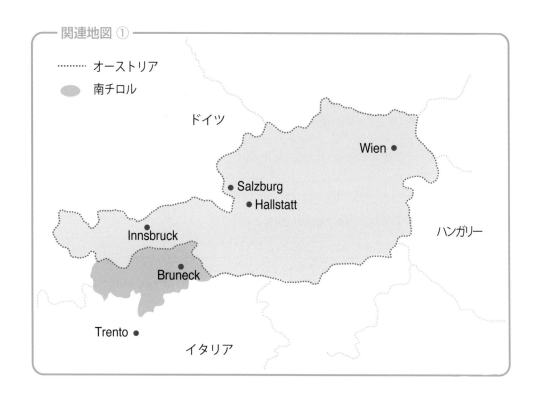

　　　　 オーストリア

　　　　 南チロル

Übungen
21

A. 下線部に（　　）内の動詞を正しい形にして入れなさい。

Kento : Hallo! Ich _____ Kento. (heißen) Wie _____ du? (heißen)

Albert : Albert. _____ du aus China? (kommen)

Kento : Nein, ich _____ aus Japan, aus Tokio. (kommen) Woher _____ du? (sein)

Albert : Aus Südtirol.

Kento : Ach so, Tirol! Dann _____ du Österreicher! (sein)

Albert : Nein, Südtirol _____ in Italien. (liegen) Ich _____ Italiener. (sein)

Kento : Dein Deutsch _____ aber perfekt. (sein)

Albert : Deutsch _____ meine Muttersprache. (sein) Die Leute in Südtirol _____
überwiegend deutschsprachig. (sein)

dein Deutsch: 君のドイツ語／ meine Muttersprache: 私の母語／ überwiegend: 大部分

B. 適切な疑問詞を使って、波線部を答えとする疑問文を作りなさい。

> wie　　woher　　wer　　wo　　wohin

1) _____ _____ sie?　－ Sie kommt <u>aus Japan</u>.

2) _____ _____ du?　－ Ich heiße <u>Daniel</u>.

3) _____ _____ _____ ?　－ Wir wohnen <u>in Kyoto</u>.

C.（　　）内の動詞（青字）を正しい形にした上で、単語を並べ替え、ドイツ語文にしなさい。

1) 君は明日も働きますか。(du, arbeiten, auch, morgen)

_____?

2) 彼女は今日、何をするのですか。(sie, heute, was, machen)

_____?

3) あなたはドイツに来てもう長いです。(in Deutschland, Sie, schon lange, sein)

_____.

4) 彼は教育学を専攻している。(er, Pädagogik, studieren)

_____.

18

会 話 練 習

❶ du を使って 3 人以上の相手にインタビューし、結果を表に書きましょう。 🎧 22

例) Wie heißt du? − Ich _____ _____.

Woher _____ du? − Ich _____ _____ Nara.

_____ wohn___ du? − Ich wohn___ in _____ .

Was studier___ du? − Ich studiere _____ .

●● 専攻名 ●●

Philosophie 哲学 / Germanistik 独語独文学 / Anglistik 英語英米文学 / Pädagogik 教育学 / Medizin 医学 / Mathematik 数学 / Physik 物理学 / Pharmazie 薬学 / Maschinenbau 機械工学 / Geschichte 歴史 / Romanistik ロマンス語・ロマンス語文学 / Elektrotechnik 電気工学 / Soziologie 社会学 / Angewandte Chemie 応用化学 / Psychologie 心理学 / Agrarwissenschaften 農学 / Kulturwissenschaften (Kuwi) カルチュラル・スタディーズ / Wirtschaftswissenschaften (Wiwi) 経済学 / Betriebswirtschaftslehre (BWL) 経営学 / Buddhismus 仏教学 / Religionswissenschaften 宗教学 / Architektur 建築学 / Politikwissenschaften 政治学 / Jura 法学

インタビュー結果

Name			
Herkunft			
Wohnort			
Studienfach			

❷ インタビュー結果を見ながら、友達をほかのみんなに er / sie で紹介しましょう。 🎧 23

例) Das ist Hiromi Tanaka.

Er/Sie kommt ....

Er/Sie ....

Lektion 2

Monika zeigt der Freundin die Stadt

Monika : Schau mal[1], Izumi, das ist die Oper, das Wahrzeichen Wiens.

Izumi   : Ja, ich kenne sie schon. Ich bin doch[2] Musikstudentin.

Monika : Vorne rechts steht das Mozartdenkmal. Das ist sehr berühmt.

Izumi   : Schön. Was für ein[3] Gebäude ist das da links?

Monika : Das ist das kunsthistorische Museum[4].

Izumi   : Und wie heißt die Straße hier?

Monika : Sie heißt „Ringstraße".

Izumi   : Wunderbar!

1) Schau mal: ごらんなさい
2) doch: ～なんだから
3) was für ein ~?: どんな～？
4) das kunsthistorische Museum: 美術史美術館

Mozartdenkmal

DIALOG 2　*Izumi schenkt der Freundin etwas*

Izumi   : Monika, hier habe ich ein Geschenk.

Monika : Ein Geschenk?

Izumi   : Ja, Ansichtskarten der Stadt Kyoto.

Monika : Danke! — Interessant! Und das hier? Was für ein Gebäude ist das?

Izumi   : Das ist der Bahnhof Kyoto.

Monika : Hm… sehr originell.

Wiener Staatsoper

★分からない単語は辞書を引いて調べましょう！

Grammatik   名詞の性と冠詞 / 冠詞と人称代名詞の使い方 / 格

1   名詞の性と冠詞

名詞は文法上の性を持ち、男性・女性・中性に分けられます。性は冠詞で分かります。

	男性名詞 「りんご」	女性名詞 「かばん」	中性名詞 「本」	複数名詞 「本」
不定冠詞＋名詞	**ein Apfel**	**eine Tasche**	**ein Buch**	**Bücher**
定冠詞＋名詞	**der Apfel**	**die Tasche**	**das Buch**	**die Bücher**

◆ 職業・国籍を表すときは、男性形に後綴り -in をつけると女性形になります。

学生：Student（男)/ Studentin（女)　教師：Lehrer / Lehrerin　日本人：Japaner / Japanerin

2   冠詞と人称代名詞の使い方

> 不定冠詞 ⇒ 定冠詞 ⇒ 人称代名詞へ
>
> ① Hier ist **ein** Apfel.　　ここに（**一つの**）リンゴがある。
>
> ② **Der** Apfel ist rot.　　そのリンゴは赤い。
>
> ③ **Er** ist lecker.　　それはおいしい。

◆ 初めて出てきた概念は、不定冠詞 **ein/-e** をつけて表します（**複数形は無冠詞**）。

◆ 同じ名詞が二度目以降に出てくるとき、定冠詞を付けます。

◆ 何であるか明瞭なとき、人称代名詞で受けます。

3   格

冠詞・名詞は、文中での役割に応じて **4 とおりに変化します**。これを **4 つの格**と呼びます。**格は冠詞の変化に表れます**。

Der Tisch des Vaters ist groß.　　　　お父さんの机は大きい。

　1格（〜は）　2格（〜の)

Der Vater schenkt dem Sohn den Tisch.　　父は息子にその机をプレゼントする。

　1格（〜は）　　　　　3格（〜に）　4格（〜を)

■ 定冠詞と名詞の格変化

	男性名詞	女性名詞	中性名詞	複数
1格（〜は）	der Vater	die Mutter	das Buch	die Bücher
2格（〜の）	des Vaters	der Mutter	des Buches	der Bücher
3格（〜に）	dem Vater	der Mutter	dem Buch	den Büchern
4格（〜を）	den Vater	die Mutter	das Buch	die Bücher

■ 不定冠詞と名詞の格変化

	男性名詞	女性名詞	中性名詞	複数
1格（〜は）	ein Tisch	eine Tasche	ein Kind	Kinder
2格（〜の）	eines Tisches	einer Tasche	eines Kindes	Kinder
3格（〜に）	einem Tisch	einer Tasche	einem Kind	Kindern
4格（〜を）	einen Tisch	eine Tasche	ein Kind	Kinder

◆ 男性名詞・中性名詞の2格には、-s または -es の語尾がつきます。

◆ -s / -z / -sch / -tz / -ß などで終る男性・中性名詞は必ず -es となります。（Tisches, Hauses など）

◆ 母音で終わっている男性・中性名詞には -s のみをつけます。（Autos など）

◆ 1音節の単語は、上記の場合を除き、どちらでも構いません。（Mannes/Manns, Kindes/Kinds など）

◆ 2音節以上の単語には -s のみを付けるのが一般的です。（Vaters, Mädchens など）

◆ 複数名詞には3格で -n が付きます。（もともと n で終わるもの、および s で終わる外来の名詞は例外）

1）まず、1格・4格の使い方を理解しましょう。

ここに机がある。	**Hier ist ein Tisch.**（主語＝1格）
その机は大きい。	**Der Tisch ist groß.**（主語＝1格）

これは（一つの）眼鏡です。	**Das ist eine Brille.**（補語＝1格）
私は（その）眼鏡をかけている。	**Ich trage die Brille.**（直接目的語＝4格）

これらは（複数の）本です。	**Das sind Bücher.**（補語＝1格）
私は（複数の）本を持っている。	**Ich habe Bücher.**（直接目的語＝4格）

2) 次に、2格・3格の使い方を理解しましょう。

◆ 名詞の **2格**は、前に置かれた名詞に掛かり、「**～の**」という意味で、所有者を表します。

Die Schuhe der Mutter sind klein.　　　　　お母さんの靴は小さい。

　　1格（～は）　　2格（～の）

◆ 固有名詞や地名（中性の場合）は冠詞を伴わずに語尾 -s を付けます。

Wien ist die Hauptstadt Österreich**s**.　　　ウィーンはオーストリアの首都です。

　　　　1格（～です）　　　2格（～の）

◆ 固有名詞の2格は、後ろの名詞に掛かることもあります（後ろの名詞は無冠詞となる）。

Das ist Imke**s** Mutter.　　　　　　　　　こちらはイムケのお母さんです。

◆ 3格はよく、間接目的語「**～に**」として使われ、利害を被る人を表します。

Der Sohn schenkt dem Vater ein Buch.　　息子は父親に一冊の本をプレゼントする。

1格（～は）　　　　　　3格（～に）　4格（～を）

◆ 動詞の中には3格目的語のみを要求するものもあります（4格ナシ）。

（danken / schmecken / gefallen / gehören / helfen など）

Sie dankt dem Vater.　　　　　　　　　彼女はお父さんに感謝します。

Übungen

A. 例文の下線部を入れ替えて、日本語に合うドイツ語文を作りなさい。

例1）Das ist der Tisch des Vaters.　　　　　これはお父さんの机です。

　　　　　1格（～です）2格（～の）

例2）Der Vater schenkt dem Sohn den Tisch.　　父は息子にその机をプレゼントする。

　　1格（～は）　　　　　　3格（～に）　4格（～を）

1）これは母 (e Mutter) の時計 (e Uhr) です。

_____

2）母は娘 (e Tochter) にその時計をプレゼントする。

_____

3）これはある子供 (s Kind) の絵 (s Bild) です。

_____

4) その子は父にその絵をプレゼントする。

_____

5) 父はその子に一個のカバンをプレゼントする。

_____

*(　) 内の r は男性名詞、e は女性名詞、s は中性名詞を表します。

B. 下線部に正しい語尾を入れ、日本語に訳しなさい。

1) Innsbruck ist die Hauptstadt Tirol_____ .

2) Albert zeigt d_____ Mädchen d_____ Stadt.

3) Wir danken d_____ Mutter.

4) Sie bringt d_____ Lehrer ein_____ Kuchen.

5) Der Kuchen schmeckt auch d_____ Lehrerin.

C. (　) 内の単語を正しい形に変化させて繋ぎ、ドイツ語文にしなさい。

1) ベルリンはドイツの首都です。(Berlin, sein, die Hauptstadt, Deutschland)

_____

2) 彼女は友達にその記念碑を見せます。(sie, zeigen, der Freund, das Denkmal)

_____

3) これはその教師の車ですか？(das, sein, das Auto, der Lehrer)

_____

会 話 練 習

1 例にならい、1）〜 5）の絵であらわされたものについて尋ね、答えましょう。 🎧 26

$\boxed{1\,格主語}$ ist $\boxed{1\,格補語}$. 「〜」は「…」です。

例）

> Was ist das?

> Das ist ein Kugelschreiber.

> Was ist das?

> Das ist eine _____.

1）(e Uhr)　2）(s Lineal)　3）(r Regenschirm)　4）(e Tasche)　5）(s Heft)

2 例にならい、上の 1）〜 5）の絵であらわされたものについて尋ね、答えましょう。 🎧 27

Ich finde $\boxed{4\,格目的語}$ $\boxed{形容詞}$. 私は「〜」を「…」だと思う。

例）

> Wie findest du den Kugelschreiber?

> Den Kugelschreiber finde ich praktisch.

> Wie findest du _____?

> _____ finde ich _____.

★様々な形容詞：gut / toll / schön / praktisch / nicht gut / unpraktisch / schick / altmodisch

Lektion 3

DIALOG 1 *Izumis Umzug*

Izumi zieht in eine WG[1]. Kento hilft ihr beim Umzug[2]. Er trägt schwere Möbel und fragt:

Kento : Wohin kommt der Schreibtisch, Izumi?

Izumi : Stell ihn bitte dort in die Ecke[3]! Aber sei vorsichtig! Er ist schwer.

Kento : Keine Sorge, ich bin vorsichtig genug. So, in Ordnung?

Izumi : Wunderbar! Danke.

Kento : Und das Sofa?

Izumi : Bring bitte das Sofa weg!

Kento : Brauchst du es nicht?

Izumi : Nein. Das Klavier braucht viel Platz.

Kento : Okay.

Izumi : Komm bitte gleich zurück!

1) WG: Wohngemeinschaft: シェアハウス　2) beim Umzug: 引っ越しの際
3) in die Ecke: 隅へ

DIALOG 2 *In einem Kaffeehaus*

Monika : Was nehmt ihr?

Kento : Ich möchte einen Kaffee.

Monika : Aber was für einen Kaffee? Weißt du das schon[1], Izumi? Was nimmst du?

Izumi : Ich weiß es noch nicht. Was empfiehlst du mir, Monika?

Monika : Ich trinke gern Melange. Das ist eine Art von[2] Milchkaffee. Aber Einspänner[3] trinke ich auch gern. Das ist ein Kaffee mit Schlagobers. Typisch wienerisch und sehr empfehlenswert.

Einspänner

Izumi : Was ist Schlagobers?

Monika : Schlagobers ist Schlagsahne. Wir sagen es nur anders als in Deutschland.

(Kento schaut auf die Getränkekarte und sagt dann)

Kento : So, ich nehme einen Verlängerten[4]. Mal sehen[5], was kommt.

1) Weißt du das schon?: もう決めた？　2) eine Art von ~ : 一種の〜
3) der Einspänner: ホイップクリームを載せたコーヒー
4) der Verlängerte: エスプレッソを薄めた普通のコーヒー　5) mal sehen: 見てみよう

Grammatik 人称代名詞の格変化 / 不規則動詞 / 命令法

1 人称代名詞の格変化

単数形	1人称	親称2人称	3人称			敬称2人称
			男性	女性	中性	
1格（～は）	**ich**	**du**	**er**	**sie**	**es**	**Sie**
2格	meiner	deiner	seiner	ihrer	seiner	Ihrer
3格（～に）	**mir**	**dir**	**ihm**	**ihr**	**ihm**	**Ihnen**
4格（～を）	**mich**	**dich**	**ihn**	**sie**	**es**	**Sie**

複数形	1人称	親称2人称	3人称	敬称2人称
1格（～は）	**wir**	**ihr**	**sie**	**Sie**
2格	unser	euer	ihrer	Ihrer
3格（～に）	**uns**	**euch**	**ihnen**	**Ihnen**
4格（～を）	**uns**	**euch**	**sie**	**Sie**

◆ 2格はほぼ使いません。

「私の」「君の」など、所有を表すときは所有冠詞（⇒ Lektion 4）を用います。

◆ 3格目的語（～に）と4格目的語（～を）が並んだ場合、順番は次の原則に従います。

① **両方名詞**の場合：**3格→4格**の順

Ich kaufe <u>dem Sohn</u> <u>einen Tisch</u>.　　　私は息子に机を買ってあげる。

　　　　　　3格（～に）　　4格（～を）

② **片方が人称代名詞**の場合：**人称代名詞が先**

Ich kaufe <u>ihm</u> <u>einen Tisch</u>.

　　　　　3格　　　4格

Ich kaufe <u>ihn</u> <u>dem Sohn</u>.

　　　　　4格　　　3格

③ **両方人称代名詞**の場合：**4格→3格**の順

Ich kaufe <u>ihn</u> <u>ihm</u>.

　　　　　4格　3格

不規則動詞

動詞には、主語が du や er/sie/es のとき不規則な変化をするものがあります。

		人称代名詞 （主語）			**fahren** （タイプ①）	**sprechen** （タイプ②短母音）	**sehen** （タイプ②長母音）
単数	1人称	ich			fahre	spreche	sehe
	2人称	du			fährst	sprichst	siehst
	3人称	er	sie	es	fährt	spricht	sieht
複数	1人称	wir			fahren	sprechen	sehen
	2人称	ihr			fahrt	sprecht	seht
	3人称	sie			fahren	sprechen	sehen
敬称2人称		Sie			fahren	sprechen	sehen

◆ タイプ ① は、語幹の母音 a → ä に変わります。（gefallen, schlafen, tragen など）

◆ タイプ ② は、語幹の e が次の 2 通りに変化します。

    e → i　（短音）　（helfen, essen など）

    e → ie　（長音）　（sehen, lesen など）

◆ タイプ ② の仲間 werden と nehmen は、子音も不規則に変化します。

不定詞	**werden**「～になる」 （英語の become）
定動詞	ich werde du wirst er wird wir werden ihr werdet sie werden Sie werden

不定詞	**nehmen**「取る」 （英語の take）
定動詞	ich nehme du nimmst er nimmt wir nehmen ihr nehmt sie nehmen Sie nehmen

◆ さらに大きな変化をする不規則動詞もあります。

不定詞	**wissen**「知っている」
定動詞	ich weiß du weißt er weiß wir wissen ihr wisst sie wissen Sie wissen

3 **命令法**

命令法は、話し相手（2 人称 du / ihr/ Sie）への命令や依頼を表します。

1）**相手が du の場合**

① 規則動詞（lernen など）および不規則動詞タイプ ①（a → ä タイプ，fahren, schlafen など）

不定詞の**語幹に語尾 e** を付けます。（e は省くことも多い）

主語 du は付けません。

Lern(e) fleißig!	頑張って勉強しなさい！
Schlaf(e) gut!	ぐっすり眠りなさい！

② 不規則動詞タイプ ②（e → i または e → ie タイプ，sprechen, lesen など）

du を主語にしたときの形（例：du **sprich**st / du **lies**t/ du **nimm**st）から、**語幹のみ**取り出します。（werden は例外）

Sprich deutlich!	はっきり話して！
Lies mal den Text!	この文章を読んでごらん！
Nimm mein Geschenk!	私のプレゼントを受取って！

2）**相手が ihr の場合**

ihr が主語のときの人称変化形と同じ。主語 ihr はトル。

Lernt fleißig Deutsch!	ドイツ語を頑張って勉強なさい！
Schlaft gut, Kinder!	子供たちよ、ぐっすりお眠りなさい！
Sprecht bitte deutlich!	はっきり話してください！
Lest mal das Gedicht!	この詩を読んでごらん！

3）**相手が Sie（単複同形）の場合**

主語と動詞を倒置するだけです。

Lernen Sie bitte fleißig!	頑張って勉強してください！
Schlafen Sie gut!	ぐっすり眠ってください！
Sprechen Sie bitte deutlich!	はっきりと話してください！
Lesen Sie den Text bitte!	この文章を読んでください！

◆ 命令文にはよく、mal や bitte が入ります。

mal は命令文をはっきりさせるとともに柔らかい口調に、bitte は丁寧な依頼を表現します。

◆ 重要動詞 sein, haben の命令形は覚えましょう。

du に対して：**Sei** ruhig! 落ち着いて！ **Hab**(e) Geduld! 辛抱して！

ihr に対して：**Seid** still! 静かにしなさい！ **Habt** Mut! 勇気を出して！

Sie に対して：**Seien** Sie bitte vorsichtig! 注意して下さい！ **Haben** Sie bitte Geduld! 辛抱して下さい！

Übungen

A.（　　）内の動詞を、感嘆符で終わる文は命令形にし、それ以外の文は人称変化させ、下線部に入れなさい。

30

Albert : Grüß dich, Kento!

Kento : 'n Abend, Albert! Bitte _________ (nehmen) Platz! Wie _________ (finden) du das Zimmer?

Albert : Wunderbar. Es _________ (gefallen) mir sehr gut.

Kento : _________ (warten) mal! Ich stelle den Tisch in die Mitte. _________ (helfen) mir bitte, Albert!

Albert : Gerne.

Kento : ... Danke! So ist es gut. Übrigens, heute ist Donnerstag. _________ (fahren) du am Wochenende nach Hause?

Albert : Nein, Südtirol ist zu weit. Aber _________ (kommen) einmal zu Besuch nach Südtirol! _________ (sprechen) du auch Italienisch?

Kento : Nein, leider nicht. Ich spreche Japanisch, Deutsch und nur ein wenig Englisch.

Albert : Ich spreche kein Japanisch. So, langsam gehe ich zu Bett. Ciao, Gute Nacht, Kento!

Kento : _________ (schlafen) gut, Albert! Mach's gut!

grüß dich!: やあ！（親しい人へのくだけた挨拶）/ 'n Abend: Guten Abend の短縮
zu Besuch: 訪ねに / Mach's gut!: 別れの挨拶「元気でね！」

会話練習

❶ ここはウィーンのカフェです。メニューを見て下線部を好きなものに替えて注文しましょう。

31

Der Kellner : Grüß Gott! Was wünschen Sie?

Kento : Ich möchte einen Espresso und einen Apfelstrudel, bitte.

Der Kellner : Apfelstrudel mit Schlagobers oder ohne?

Kento : Ohne Schlagobers.

Monika : Ich nehme einen Cappuccino und eine Sachertorte mit Schlagobers, bitte.

Der Kellner : Jawohl, ist das alles?

Kento und Monika : Ja, das ist alles.

★メニュー（r, e, s は男性・女性・中性を表す。実際のメニューには書いてありません。）

WARME GETRÄNKE			TORTEN UND KUCHEN		
r Kakao		3,60	mit Schlagobers		+ 0,20
- mit Schlagobers		3,80	r Apfelstrudel		3,70
r Kaffee			r Topfenstrudel		3,70
r Espresso	klein/groß	2,10/3,30	e Mozart Torte		4,20
r Brauner	klein/groß	2,10/3,30	e Sacher Torte		4,20
r Verlängerter		3,00	e Esterházy Torte		4,20
r Melange		3,30	e Trüffeltorte		4,20
- mit Schlagobers		3,50	e Mohn Torte		4,20
r Einspänner		3,50	**ALKOHOLFREI**		
r Cappuccino		3,30	e Cola	0,33l	2,90
- mit Schlagobers		3,50	r Almdudler	0,33l	2,90
r Café Latte		3,70	s Mineral Wasser		
r Eiskaffee		4,90	- prickelnd	0,25l	2,70
r Tee - Kanne		3,90	- still	0,25l	2,70
r Earl Grey Schwarztee			r Apfelsaft	0,25l	2,90
r Darjeeling-Assam Schwarztee			r Orangensaft	0,25l	2,90
r Kräutertee			r Johannisbeersaft	0,2l	3,20
r Grüner Tee			**ALKOHOLISCH**		
r Pfefferminztee			s Bier	klein/groß	3,00/4,00
r Kamillentee			r Rotwein	1/8l	3,80
r Früchtetee			r Weißwein	1/8l	3,80

2 支払いはテーブルで。下線部を入れ替えて練習しましょう。チップも忘れずに。
32

Kento　　　: Herr Ober, zahlen bitte!

Der Kellner : Ich komme sofort. --- Nun, zusammen
　　　　　　　oder getrennt?

Monika　　 : Getrennt, bitte.

Der Kellner : Was zahlen Sie?

Monika　　 : Ich zahle den Cappuccino und die Sachertorte mit Schlagobers.

Der Kellner : Das macht 7,70 Euro.

　(Monika gibt 8 Euro)　　Monika　: Das passt schon[1].

Der Kellner : Vielen Dank!

Kento　　　: Und ich zahle den Espresso und den Apfelstrudel.

Der Kellner : Das macht genau 6 Euro.

　(Kento gibt 7 Euro)　　Kento　: 6,50 Euro, bitte.

Der Kellner : Danke schön! 50 Cent zurück. Schönen Tag noch!

　　　　　　　　　　1) Das passt schon. はオーストリア的な表現。ドイツでは Stimmt so. が一般的

Lektion 4

Monikas Hobby

Monika : Was ist dein Hobby, Kento?

Kento : Ich spiele gern Tennis. Aber ins Kino gehe ich auch ziemlich oft. Im Winter fahre ich gern Ski.

Monika : Du bist ja sportlich, Kento.

Kento : Und du? Was machst du gern?

Monika : Hm, ich arbeite gerne in der Bibliothek.

Kento : Das ist aber kein Hobby! Machst du denn gar nichts anderes als[1] arbeiten?

Monika : Doch, ich habe Hobbys. Zum Beispiel... ja, ich diskutiere gern mit anderen.

Kento : Das ist auch keine Entspannung. Spielen wir zusammen Tennis? Hast du Lust?

Monika : Oh, das ist keine schlechte Idee[2]. Aber gehen wir vielleicht lieber[3] ins Kino?

Kento : Ja, sehr gern.

1) nichts anderes als ~ : ~以外何も   2) keine schlechte Idee: 悪くないアイデア   3) lieber: むしろ

Bruneck

DIALOG 2 *Mineralwasser oder Leitungswasser?*

Kento : Wem gehört dieses Auto? Ist das dein Auto, Albert?

Albert : Nein, das[1] gehört mir nicht. Das ist Klaus' Auto. Schau, da kommt er.

Klaus : Hallo, ich bin neu hier. Mein Name ist Klaus. Ich komme aus Würzburg.

Kento : Hallo, ich heiße Kento. Wo ist Würzburg?

Albert : Es liegt ganz im Norden.

Klaus : Nee, Würzburg gehört zu Bayern. Wir sagen auch „Grüß Gott". Übrigens habe ich eine Menge Mineralwasser in meinem Auto. Ich schenke euch ein paar Flaschen.

Albert : Was? Mineralwasser aus Deutschland? Oh, danke vielmals! Aber weißt du, das Leitungswasser in Wien ist sehr gut. Mir schmeckt es hervorragend.

Klaus : Wirklich? Ich trinke nie Leitungswasser.

1) 中性名詞を受ける指示代名詞「それは」

DIALOG 3 *Albert hat zwei Brüder*

Albert : Kento, hast du Geschwister?

Kento : Ja, ich habe einen Bruder und eine Schwester. Mein Bruder ist 19 und studiert Anglistik in Kyoto. Meine Schwester arbeitet als Krankenschwester in Niigata. Hast du auch Geschwister?

Albert : Ja, ich habe zwei Brüder. Sie sind aber noch klein und gehen in die Schule. Sie wohnen in Bruneck.

Kento : Wo ist Bruneck?

Albert : Bruneck liegt im Pustertal in Südtirol.

Grammatik 定冠詞類 / 不定冠詞類 / 否定表現 / 複数形 / 疑問詞 wer と was

1 定冠詞類

定冠詞に似た変化をする冠詞を**定冠詞類**と言います。下の表のように変化します。

	男性名詞	女性名詞	中性名詞	複数
1格	**dies**er Hund	**dies**e Katze	**dies**es Tier	**dies**e Schweine
2格	**dies**es Hundes	**dies**er Katze	**dies**es Tieres	**dies**er Schweine
3格	**dies**em Hund	**dies**er Katze	**dies**em Tier	**dies**en Schweinen
4格	**dies**en Hund	**dies**e Katze	**dies**es Tier	**dies**e Schweine

◆ 指示性の高い **dieser**「この」/ **jener**「あの」/ **welcher**「どの？」/ **solcher**「そのような」があり、ほかに **jeder**「どの〜も」と **aller**「すべての」も定冠詞類です。**jeder** は単数形のみ、**aller** は主に複数形と用います。（この二つはほぼ同じ意味）

Alle Menschen sind gleich.	すべての人は同じだ。
Dieser Zug fährt **alle** fünf Minuten.	この列車は 5 分毎に運行している。
Jedes Kind spielt gern.	どの子も遊ぶのが好きだ。
Ich gehe **jeden** Tag zur Schule.	私は毎日学校へ行く。

◆ 定冠詞類は、後ろの名詞を省き、単独で用いることもあります。

Welches Zimmer gefällt Ihnen? **Dieses** oder **jenes**?　— Mir gefällt **dieses** hier.

どの部屋がお好みですか？こちらですか、あちらですか？　　　ーこちらの部屋が気に入りました。

Jeder (Mensch) denkt anders.	（人間）誰もが考えは違う。
Alle (Leute) gehen weg.	みんなが立ち去る。

2 不定冠詞類（所有冠詞と否定冠詞）

■「〜の」を意味する冠詞を所有冠詞といいます。（表内の「　」を日本語で埋めなさい。）

人称代名詞 ⇒ 所有冠詞	人称代名詞 ⇒ 所有冠詞
ich ⇒ **mein**「私の」	wir ⇒ **unser**「　　　」
du ⇒ **dein**「　　　」	ihr ⇒ **euer**「　　　」
er ⇒ **sein**「　　　」	
sie ⇒ **ihr**「　　　」	sie ⇒ **ihr**「　　　」
es ⇒ **sein**「　　　」	
Sie ⇒ **Ihr**「　　　」	Sie ⇒ **Ihr**「　　　」

◆ **所有冠詞は不定冠詞 ein と同じ語尾変化**をします。（複数形は定冠詞の語尾に同じ）

	男性名詞	女性名詞	中性名詞	複数
1格	**mein** Tisch	**meine** Brille	**mein** Kind	**meine** Kinder
2格	**meines** Tisches	**meiner** Brille	**meines** Kindes	**meiner** Kinder
3格	**meinem** Tisch	**meiner** Brille	**meinem** Kind	**meinen** Kindern
4格	**meinen** Tisch	**meine** Brille	**mein** Kind	**meine** Kinder

◆ これとまったく同じ変化をするものとして、否定冠詞 **kein** があります。

3　否定表現（nicht と kein）

◆ 不定冠詞付きの名詞または無冠詞の名詞を否定する場合、kein を用います。

Ist das ein Auto?　− Nein, das ist kein Auto.

これは車ですか？　− いいえ、これは車ではありません。

Haben Sie Hunger?　− Nein, ich habe keinen Hunger.

お腹はすいていますか？　− いいえ、お腹はすいていません。

（数えられない名詞、感情や体調などを表す名詞は肯定文で無冠詞となります。）

◆ その他の場合、nicht を使います。

Kommt Izumi heute?　− Nein, sie kommt heute nicht.

イズミは今日来ますか？　− いえ、彼女は今日来ません。

Ist das dein Auto?　− Nein, das ist nicht mein Auto.

これは君の車かい？　− いいえ、これはわたしの車じゃないわ。

□ nicht の位置について

◆ 全文否定では、nicht はできるだけ文の後ろに置きます。

Der Kellner bringt mir meinen Kaffee nicht.　　給仕は私のコーヒーを持ってこない。

◆ 否定する語の直前に nicht を置けば部分否定となります。

Izumi kommt nicht heute, sondern morgen.　　イズミは今日ではなく、明日来る。

4 複数形

複数形を作るパターンには 5 つのタイプがありますが、複数形は辞書で調べましょう。

タイプ	幹母音	単数	複数
無語尾型	① 変音しない	der Onkel（おじ）	die Onkel
	② 変音する	der Bruder（兄弟）	die Brüder
-e 型	① 変音しない	der Tag（日）	die Tage
	② 変音する	der Gast（客）	die Gäste
-er 型	変音できるものはする	das Kind（子供）	die Kinder
		das Buch（本）	die Bücher
-(e)n 型 （女性名詞のみ）	変音しない	die Schwester（姉妹）	die Schwestern
		die Frau（女性）	die Frauen
-s 型 （外来語）	変音しない	das Hobby（趣味）	die Hobbys
		die E-mail（電子メール）	die E-mails

（格変化については⇒ Lektion 2）

5 疑問詞 wer と was

1 格「誰が」	wer
2 格「誰の」	wessen
3 格「誰に」	wem
4 格「誰を」	wen

1 格「何が」	was
2 格	−
3 格	−
4 格「何を」	was

＊疑問詞 was は 1 格と 4 格が同形、2、3 格はありません。

<<<< **Übungen** >>>>

A. ドイツ語文の下線に入る単語を、日本語の意味に合うように枠内から選んで入れなさい。

Wessen	Wem	Wen	dein	deinen	ihr	ihre	meine	meiner

1) _____ Uhr ist das?　　　　　これは**誰の**時計ですか？

　　− Das ist _____ Uhr.　　　　− それは**彼女の**時計です。

2) Izumi, ich zeige dir _____ Schuhe.　　イズミ、君に**私の**靴を見せてあげましょう。

3) _____ gehört dieses Fahrrad?   この自転車は**誰の**ものですか？

   － Es gehört _____ Tochter.   － それは**私の娘**のものです。

4) _____ heiratet _____ Sohn?   **君の**息子さんは**誰と**結婚するのですか？

B. （　　）内の名詞を複数形に変え、下線部に入れなさい。

1) Hast du Geschwister?

   － Ja, ich habe zwei _____ (Bruder) und drei _____ (Schwester).

2) Unsere _____ studieren im Ausland. (Sohn)

3) Eure _____ sind schon groß. (Tochter)

4) Haben Sie _____? (Kind)

   － Nein, wir haben keine _____. (Kind)

5) Wie alt ist Ihr Vater? － Er ist fünfundsiebzig _____ alt. (Jahr)

6) Seitdem sind schon drei _____ vorbei. (Tag)

7) Wie viele _____ bekommst du jeden Tag? (E-Mail)

8) Ich kaufe dir zwei _____. (Buch)

C. 各語を正しい形に変化させて下線部に入れ、日本語に合うドイツ語文を作りなさい。

1) 私は何も質問ありません。

   Ich _____ _____ _____.

   [haben]   [kein]   [Frage]（複数形に！）

2) 私たちの娘は君たちの息子さんを愛している。

   _____ Tochter _____ _____ Sohn.

   [unser]   [lieben]   [euer]

3) それぞれの子供が自分の父親にプレゼントをする。

   _____ Kind _____ _____ Vater _____ Geschenk.

   [jeder]   [machen]   [sein]   [ein]

36

会 話 練 習

1 例にならって下線部を入れ替え、会話しましょう。　🎧36

例1） A : Spielst du gern Tennis?

B : Ja, ich spiele gern Tennis. / Nein, ich spiele nicht gern Tennis.

> Fußball　　Klavier　　Karten　　Baseball
> Geige　　Schach　　Flöte　　Go　　Volleyball

例2） A: Trinkst du gern Cola?

B: Ja, ich trinke gern Cola. / Nein, ich trinke nicht gern Cola.

> Kaffee　　Tee　　Milch　　Apfelsaft　　Orangensaft　　Limonade
> Bier　　Rotwein　　Weißwein　　Radler　　Schnaps　　Wasser

2 下線部に（　　）内の動詞を入れて、相手に趣味・好きな音楽・好きな食べ物を尋ねましょう。　🎧37

Was _____ du gern? (machen / hören / essen)

例） A: Was machst du gern?　(Was ist dein Hobby?)
B: Ich spiele gern Tennis. / Ich gehe gern ins Kino. /
Ich singe gern.

Wiener Schnitzel mit Kartoffelsalat

> spazieren gehen　　　　einkaufen gehen　　　　schwimmen
> ins Theater gehen　　　ins Konzert gehen　　　in die Oper gehen
> kochen　　　　reisen　　　　joggen　　　　lesen
> Tolstoi lesen　　Goethe lesen　　philosophieren　　Ski fahren
> Rock hören　　Jazz hören　　Klassik hören　　Schlager hören
> Nudeln essen　Reis essen　Polenta essen　Schnitzel essen　Sushi essen
> Mehlspeise essen　　Gulasch essen　　Müsli essen　　Steinpilze essen
> Würste essen　　Eisbein essen　　Pizza essen　　Kuchen essen

Lektion 5

Verkehrsverbindung

Monika : Izumi, du wohnst ja nun weit weg von unserem Wohnheim. Wie fährst du zur Uni?

Izumi : Normalerweise fahre ich mit der U-Bahn.

Monika : Wie weit ist die U-Bahn-Station von deiner Wohnung entfernt?

Izumi : Etwa 8 Minuten zu Fuß. Manchmal fahre ich mit dem Bus zur Station. Dann dauert es[1] nur ein paar Minuten. Die Bushaltestelle ist direkt vor unserer Haustür und der Bus kommt alle drei Minuten. Insgesamt brauche ich etwa 20 Minuten bis zur Uni. Ich finde die Verkehrsverbindungen in Wien sehr gut und auch günstig.

1) es は非人称の主語

LESESTÜCK *Orte in Österreich*

Hallstatt liegt an einem See im Salzkammergut. Viele Touristen aus aller Welt besuchen dieses Dorf, weil es sehr schön ist. Das Salzkammergut ist eine Gegend in der Nähe von Salzburg, gehört aber zum Bundesland Oberösterreich. Die Stadt

Hallstatt

Salzburg ist etwa zwei Stunden mit dem Zug von Wien entfernt. Sie ist der Geburtsort von Wolfgang Amadeus Mozart. Sie liegt an der Grenze zu Deutschland. Von Salzburg nach Innsbruck fährt man[1] durch Deutschland, obwohl beide[2] Städte in Österreich liegen. Es gibt[3] auch einen Weg durch Österreich, aber dann dauert die Zugfahrt um eine Stunde länger[4]. Innsbruck liegt in den Alpen. 30 Minuten südlich von Innsbruck beginnt schon Italien. Hinter der Grenze, in Südtirol, spricht man aber noch Deutsch. Wegen des Schengener Abkommens gibt es an den Grenzen keine Passkontrolle.

1) man: 不特定の「人」を表す不定代名詞　　2) beide:「両方の」(形容詞)
3) es gibt ~ : 4格目的語を伴い、「~がある」の意味。文法上の主語は意味のない es。
4) länger: より長く

Grammatik 　前置詞 / 接続詞

1 　前置詞

　　Er fährt **mit** <u>seinem Freund</u> **nach** <u>Wien</u>. 　　彼は友人と一緒にウィーンに行く。

　　　　　　　3格　　　　　　3格

　　Das ist ein Geschenk **für** <u>dich</u>. 　　これは君のための贈り物だよ。

　　　　　　　　　　　4格

◆ mit（～と共に）や für（～のために）、nach（～へ）など、名詞や冠詞の前に置かれて意味を補うもの
を**前置詞**と言います。

◆ 前置詞は変化しませんが、後ろの名詞の格を決めます（格は冠詞の変化に表れます）。これを前置詞の
格支配と言います。

1）主な前置詞とその格支配

　①2格支配の前置詞

　　Wegen eines Unfalls hat der Zug Verspätung. 　　事故**のため**列車は遅れています。

　　Statt des Kanzlers redet der Vizekanzler. 　　首相**の代わり**に副首相が話します。

　　Trotz der Kälte trägt er keinen Mantel. 　　寒さ**にもかかわらず**彼はコートを着ていません。

　　Während der Pause spielen wir Tennis. 　　休み時間**のあいだ**に私たちはテニスをします。

　　　　　　　　　　＊ wegen は人称代名詞と結びつくとき、3格を支配することがあります。

　　　　　　　　　Wegen dir bleibe ich zu Hause. 　君のために私は家にいよう。

　②3格支配の前置詞

　　Ich spiele **mit** ihm Tennis. 　　私は彼と**一緒に**テニスをする。

　　Wir fahren **mit** dem Bus. 　　私たちはバス**に乗って**行く。

　　Er geht **zur** Schule. 　　彼は学校**へ**行きます。（zur は zu der の融合形）

　　Gehen wir **zum** Bahnhof! 　　駅**に**行きましょう。（zum は zu dem の融合形）

　　Sie sieht **aus** dem Fenster. 　　彼女が窓**から**見ている。

　　Seit einem Jahr wohne ich in Wien. 　　一年前**から**私はウィーンに住んでいる。

　　Wir verbringen das Wochenende **bei** unseren Großeltern. 　私たちは祖父母**のもとで**週末を過ごす。

　　Von ihm habe ich noch keine Nachricht. 　　彼**から**私にまだ知らせはありません。

　　Nach dem Mittagessen haben wir 30 Minuten Pause. 　　昼食**のあと**30分休憩時間があります。

　　　　　　　　＊ nach は地名と結びつくと、「～へ」の意味で方向を表します。

　　　　　　　　　Wir fahren **nach** Salzburg. 　　私たちはザルツブルクへ行きます。

　　　　　　　＊ zu は人や建物・施設と結びつくと「～へ」の意味を表します。

　　　　　　　　　Komm nach dem Unterricht **zu** mir! 　授業のあと僕のところに来て！

③4格支配の前置詞

Wir gehen **um** den See.	私たちは湖の**まわりを**歩く。
Gehen Sie **durch** jenes Tor!	あの門**を通って**行きなさい。
Das tue ich gerne **für** dich.	君の**ために**喜んでそれをしよう。
Ich habe nichts **gegen** ihn.	私は彼**に対して**何も不満はない。
Er bleibt **bis** nächsten Dienstag in Wien.	彼は次の火曜日**まで**ウィーンに滞在します。
Heute gehe ich **ohne** den Hund spazieren.	今日私は犬を連れ**ずに**散歩する。

④3・4格支配の前置詞

◆ ドイツ語の前置詞のうち9つは、**動作の方向**を表す場合**4格**を支配し、**一定の場所での運動や状態**を表すとき、**3格**を支配します。

Die Kinder <u>gehen</u> <u>auf den Spielplatz</u>.　子供たちは遊び場へ行く。
　　　　「行く」　auf＋4格 「～（の上）へ」

Die Kinder <u>spielen</u> <u>auf dem Spielplatz</u>.　子供たちは遊び場で遊んでいる。
　　　　「遊ぶ」　auf＋3格 「～（の上）で」

Wir <u>stellen</u> den Tisch <u>an die Wand</u>.　私たちは机を壁際に置く。
　　「置く」　　　　　an＋4格 「～際へ」

Der Tisch <u>steht</u> <u>an der Wand</u>.　机は壁際にある。
　　　　「ある」　an＋3格 「～際に」

上記のほか、**in**「～の中」、**vor**「～のまえ」、**hinter**「～のうしろ」、**über**「～の上方に」、**unter**「～の下」、**zwischen**「～のあいだ」、**neben**「～の横」があります。

2) 前置詞は特定の動詞・形容詞・名詞と熟語的に結びつくことがあります。

Ich bin **mit** ihm **zufrieden**.	私は彼**に満足**です。
Er ist **über** mich **verärgert**.	彼は私のこと**を怒って**います。
Mein Vater ist **stolz auf** mich.	父は私**を誇りに思って**います。
Sie **wartet** lange **auf** dich.	彼女は長いこと君**を待っている**。
Salzburg **gehört zu** Österreich.	ザルツブルクはオーストリア**に属している**。

（ただし、所有を表すときは：Die Tasche gehört mir.）

Ich habe **Angst vor** der Prüfung.	私は試験**が心配**です。

40

3) 前置詞は特定の定冠詞と融合することがあります。

zu dem → **zum**　zu der → **zur**　in dem → **im**　　in das → **ins**　auf das → **aufs**

an dem → **am**　　an das → **ans**　bei dem → **beim**　für das → **fürs**　von dem → **vom**

durch das → **durchs** など

　　Die Mutter legt das Baby **ins** Bett.（ins は in das の融合形）

　　Das Baby liegt **im** Bett.（im は in dem の融合形）

◆ ただし、定冠詞が強い指示性を持つ場合は、融合させません。

Ich gehe **zur** Uni.　　　私は大学へ行きます。

Ich gehe **zu der** Uni.　　私は**その**大学へ行きます。

2　接続詞

複数の文を繋げるため、接続詞を使うことができます。接続詞には 3 種類あります。

1) 並列接続詞：und, aber, denn, oder など

Meine Schwester geht ins Kino, **aber** ich bleibe zu Hause.

　私の姉（妹）は映画を見に行く、しかし私は家にいる。

Wir fahren in die Stadt **und** machen dort Einkäufe.

　私たちは町に行って、そこで買い物をする。

Sie ist wohl weg, **denn** ihr Mantel ist nicht mehr da.

　彼女はおそらく去ったのだろう、なぜなら彼女のコートがもうないから。

◆ 並列の接続詞は 2 つの文の間に置き、前後の文の**語順に影響を与えません**。

◆ 2 つの文の主語が同じとき、2 度目は省略します。

◆ und で繋ぐとき、コンマは要りません。

◆ denn は判断の根拠を表し、「というのは」「なぜなら」の意味で用います。

2) 副詞的接続詞：deshalb, trotzdem, sonst など

Johanna ist krank. <u>Deshalb</u> <u>**kommt**</u> sie heute nicht.　　　ヨハンナは病気です。だから今日来ません。
　　　　　　　　　　　① 　　　　②

Heute ist das Wetter schlecht. <u>Trotzdem</u> <u>**machen**</u> sie einen Ausflug.
　　　　　　　　　　　　　　　　① 　　　　　②

　今日は天気が悪い。それにもかかわらず彼らはハイキングに行く。

Nimm ein Taxi! <u>Sonst</u> <u>**kommst**</u> du sicher zu spät.
　　　　　　　　① 　　　　②

　タクシーに乗りなさい。さもないと君はきっと遅刻します。

◆ 副詞的接続詞は文の一成分と見なされ、文頭に置かれると、2 番目に定動詞を置きます。

（定動詞第 2 位の原則 ⇒ Lektion 1）

3) 従属接続詞 dass, ob, weil, wenn, obwohl, während, bis など

<u>Er glaubt nicht</u>, <u>**dass** sie auf ihn **wartet**</u>.　　彼は、彼女が彼を待っているとは思わない。
　　　　主文　　　　　　　副文（従属文）

◆ 従属接続詞は、2つの文を繋ぐ際に一方を副文（従属文）に変えます。副文は、従属接続詞で始まり、定動詞で終わります。（定動詞後置）

<u>Sie **kommt** nicht zur Schule</u>, <u>**weil** sie krank **ist**</u>.　　彼女は病気なので、学校に来ません。
　　　　主文　　　　　　　　　　副文

◆ 副文を主文より前に置くことができます。その際、主文の定動詞（②）は、副文（①）の次、つまり全体の2番目に置かれます（副文は主文の一文成分と見なされるため）。

<u>**Weil** sie krank **ist**</u>, <u>**kommt**</u> sie nicht zur Schule.
　　　①　　　　　　　　　②

◆ 主文が疑問文の場合、全体の最後に疑問符「？」を置きます。

Wissen Sie, **ob** der Zug in Rosenheim **hält**?

　　列車がローゼンハイムに停車するかどうか、ご存知ですか？

◆ was, wo, wie, warum などの疑問詞も、従属接続詞として副文を導くことができます。（間接疑問文）

Ich verstehe nicht. **Was sagt** er? ⇒ Ich verstehe nicht, **was** er **sagt**.

　　僕には分からない。彼は何を言っているの？ ⇒ 彼が何を言っているのか僕には分からない。

◀◀◀◀ **Übungen** ▶▶▶

A. 下線部に正しい前置詞を（　　）から選んで入れなさい。

1) Monika fährt morgens _____ dem Bus _____ Uni. Heute gibt es aber _____ eines Unfalls Stau. _____ der Haltestelle wartet sie lange _____ ihren Bus.

（an / zur / auf / mit / wegen）

2) "Ich komme zu spät", denkt sie und schaut _____ ihre Uhr. Endlich ist der Bus da. _____ der Fahrt läuft sie schnell _____ das Tor _____ die Uni.

（in / durch / auf / nach）

3) Sie steht gerade _____ dem Hörsaal. Da kommen plötzlich viele Studenten _____ der Tür heraus. Sie sagen: "_____ der Erkrankung des Professors gibt es heute keine Vorlesung".

（aus / wegen / vor）

B. 次の文の定動詞（太字）の位置に誤りがあれば正しなさい。

1）Mit dem Ergebnis der Prüfung ich **bin** sehr zufrieden.

正しい文：＿＿＿＿＿＿＿＿＿＿＿＿＿＿＿＿＿＿＿＿＿＿＿＿＿＿＿

2）Er **wünscht**, dass **bestehst** du die Prüfung.

正しい文：＿＿＿＿＿＿＿＿＿＿＿＿＿＿＿＿＿＿＿＿＿＿＿＿＿＿＿

3）Weil er **hat** viel Arbeit, ich **helfe** ihm.

正しい文：＿＿＿＿＿＿＿＿＿＿＿＿＿＿＿＿＿＿＿＿＿＿＿＿＿＿＿

C.（　　）内の語を用いて 2 つの文を繋ぎなさい。

1）Du wirst bald gesund. (wenn) Du schläfst viel.

＿＿＿＿＿＿＿＿＿＿＿＿＿＿＿＿＿＿＿＿＿＿＿＿＿＿＿＿＿＿＿＿＿

2）Er nimmt ein Taxi. (weil) Das Wetter ist schlecht.

＿＿＿＿＿＿＿＿＿＿＿＿＿＿＿＿＿＿＿＿＿＿＿＿＿＿＿＿＿＿＿＿＿

3）Er liest Zeitung. (bis) Das Essen ist fertig.

＿＿＿＿＿＿＿＿＿＿＿＿＿＿＿＿＿＿＿＿＿＿＿＿＿＿＿＿＿＿＿＿＿

4）(obwohl) Der Vater spricht wenig. Seine Frau versteht ihn gut.

＿＿＿＿＿＿＿＿＿＿＿＿＿＿＿＿＿＿＿＿＿＿＿＿＿＿＿＿＿＿＿＿＿

5）(während) Das Kind schläft. Ich mache schnell Einkäufe.

＿＿＿＿＿＿＿＿＿＿＿＿＿＿＿＿＿＿＿＿＿＿＿＿＿＿＿＿＿＿＿＿＿

6）Er fragt mich: "Wo wohnst du?"（wo を従属接続詞にして繋げる）

＿＿＿＿＿＿＿＿＿＿＿＿＿＿＿＿＿＿＿＿＿＿＿＿＿＿＿＿＿＿＿＿＿

会 話 練 習

❶ 例にならって、住んでいるところから大学への所要時間を答えましょう。

例）Wie weit wohnst du von der Uni weg?
　　－ Mit dem Zug etwa eine Stunde. / Mit dem Bus zwanzig Minuten. /
　　　Zu Fuß zehn Minuten. / Mit der U-Bahn fünf Minuten.

❷ 下線部の地名を様々に入れ替えて質問し、答えましょう。

A: Wie lange dauert die Zugfahrt von <u>Kyoto</u> nach <u>Osaka</u>?
B: Etwa vierzig Minuten.

❸ 例 1 ～ 3 にならい、時刻表現を使って口頭練習しましょう。

例 1）Wie spät ist es jetzt? / Wie viel Uhr ist es jetzt?　今、何時ですか？（es は非人称主語）

公式表現（24 時間制）／ 日常表現（12 時間制）

 [7.00 Uhr]　: Es ist *sieben Uhr*. / (Es ist) *sieben*.　　　　7 時です。

 [14.30 Uhr] : Es ist *vierzehn Uhr dreißig*. / *halb drei*.　　14 時 30 分です／ 2 時半です。

 [21.50 Uhr] : Es ist *einundzwanzig Uhr fünfzig*. / *zehn **vor** zehn*.
　　　　　　　　　　　　　　　　　　　　　21 時 50 分です／ 10 時 10 分前です。

 [22.10 Uhr] : Es ist *zweiundzwanzig Uhr zehn*. / *zehn **nach** zehn*.
　　　　　　　　　　　　　　　　　　　　　22 時 10 分です／ 10 時 10 分です。

 [8.45 Uhr]　: Es ist *acht Uhr fünfundvierzig*. / *Viertel **vor** neun*.
　　　　　　　　　　　　　　　　　　　　　8 時 45 分です／ 9 時 15 分前です。

 [9.15 Uhr]　: Es ist *neun Uhr fünfzehn*. / *Viertel **nach** neun*.

 [11.25 Uhr] : Es ist *elf Uhr fünfundzwanzig*. / *fünf **vor** halb zwölf*.

 [12.35 Uhr] : Es ist *zwölf Uhr fünfunddreißig*. / *fünf **nach** halb eins*.

注意が必要な時刻

　　Wie spät ist es jetzt? ― Es ist ein Uhr.　　今は何時ですか？　1 時です。

　　　　　　　　　　　　＊ eine Uhr だと「一個の時計」の意味になります。

　　　　　　　　　― Es ist eins.　　　　　　　　1 時です。

副詞的な表現

前置詞 um は正確な時刻「～時に」を意味し、gegen は大体の時刻「～時頃に」を表します。

例 2）**Um** wieviel Uhr beginnt der Unterricht? ― Er beginnt **um** *14.45* Uhr.

例 3）Wann gehst du ins Bett? ― Ich gehe **gegen** *11* Uhr abends ins Bett.

Lektion 6

DIALOG *Ausflug nach Hallstatt*

Monika : Wann stehst du morgens auf, Kento?

Kento : Ich stehe meistens um acht Uhr auf.

Monika : Das ist nicht sehr früh.

Kento : Ich bin ein Nachtmensch. Ich gehe erst um eins schlafen. Morgens kann ich nicht früh aufstehen. Warum fragst du?

Monika : Ich möchte deinen Schlaf nicht stören. Aber am Sonntag mache ich mit ein paar Freunden einen Ausflug nach Hallstatt. Wir fahren mit dem Auto und es[1] ist noch ein Platz frei.

Kento : Ich soll mitkommen, meinst du?

Monika : Ja, aber nur, wenn du Lust hast. Viele Japaner wollen ins Salzkammergut, nicht wahr? Wir können die Benzinkosten teilen.

Kento : Okay, ich komme mit. Wann fahren wir los?

Monika : Um halb acht. Kannst du so früh aufstehen?

Kento : Na, klar!

1) es は文頭を埋める仮の主語。主語は ein Platz

LESESTÜCK *Fahrkarten*

Die Städte in Europa haben oft ein eigenes Verkehrsnetz. Das heißt, dass man mit einer Fahrkarte innerhalb einer Stadt Busse, Straßenbahnen, U-Bahnen und Züge benutzen kann und beim Umsteigen nicht noch eine Karte kaufen muss. Mit einer

Tageskarte, Wochenkarte, Monatskarte usw. kann man sogar beliebig oft mit jedem Verkehrsmittel im Netz fahren. Wenn man aber über die Stadtgrenze hinaus zu einem anderen Ort[1] fahren will, muss man eine Fahrkarte extra bis zum Zielort kaufen. Studenten teilen sich[2] oft ein Auto, um Geld zu sparen.

1) zu einem anderen Ort: 別の町へ　2) sich: 相互代名詞。「おたがいに」

分離動詞と非分離動詞 / 助動詞

1 分離動詞と非分離動詞

Er **steht** morgens um 7 Uhr **auf**.	彼は毎朝 7 時に起きる。
Er **versteht** seinen Lehrer nicht.	彼は先生の言うことが分からない。
Der Zug **kommt** gleich in Wien **an**.	列車は間もなくウィーンに到着する。
Sie **bekommt** eine Tragetasche.	彼女は手さげ袋をもらう。

◆ stehen や kommen などの単純な動詞に**前つづり**を付けることにより作られた動詞があります。2 つの
タイプがあり、前つづりが分離して用いられるもの（**分離動詞**）と前つづりが分離しないもの（**非分離
動詞**）に分かれます。

◆ 分離動詞は、辞書では前つづりと動詞本体が縦線で区切られています。例）ab|fahren

◆ 主文では、分離動詞の前つづりは文末に置かれます。動詞の本体が人称変化し、定動詞として文の 2 番
目に置かれます。

  Der Bus **fährt** heute um 10 Uhr vormittags vom Marktplatz **ab**.
  バスは今日午前 10 時にマルクト広場から発車します。

◆ 分離動詞の前つづりには強勢（アクセント）が置かれるのに対し、非分離動詞の前つづりは弱く発音し
て、動詞本体の語幹を強く発音します。

  〔分離動詞〕**ab**|fahren ⇔ er**fah**ren〔非分離動詞〕

◆ 分離動詞の前つづりは、前置詞や副詞と同形のもの（auf-, zu-, an-, mit-, bei-, zurück- など）が多く
ありますが、非分離動詞の前つづりは、**be-, emp-, ent-, er-, ge-, ver-, zer-** など特定のものに限ら
れ、前つづりとしてしか使いません。分離動詞と非分離動詞の両方で使われる前つづりも若干あります
（um-, über- など）。

2 助動詞

1）話法の助動詞

Er **spricht** Deutsch.	彼はドイツ語を**話す**。
Er **kann** Deutsch **sprechen**.	彼はドイツ語を**話す**ことができる。

◆ 文の中で一つ目の動詞（本動詞）の内容に様々なニュアンスを加える 2 つ目の動詞を、**話法の助動詞**と
言います。話法の助動詞は次のように人称変化します。

		人称代名詞			können ～できる ～かもしれ ない	dürfen ～してかま わない	müssen ～ねばなら ない ～に違いな い	wollen ～したい ～するつも りだ	sollen ～すべきだ ～だそうだ	mögen ～が好きだ ～かもしれ ない	möchte(n) ～したい （丁寧な表現）
単数	1人称	ich			kann	darf	muss	will	soll	mag	möchte
	2人称	du			kannst	darfst	musst	willst	sollst	magst	möchtest
	3人称	er	sie	es	kann	darf	muss	will	soll	mag	möchte
複数	1人称	wir			können	dürfen	müssen	wollen	sollen	mögen	möchten
	2人称	ihr			könnt	dürft	müsst	wollt	sollt	mögt	möchtet
	3人称	sie			können	dürfen	müssen	wollen	sollen	mögen	möchten
敬称2人称		Sie			können	dürfen	müssen	wollen	sollen	mögen	möchten

◆ 助動詞を使うとき、本動詞は不定詞にして文末に置きます。助動詞が人称変化して定動詞の役割を果たし、文の2番目に置かれます。

Sie <u>lernt</u> fleißig Deutsch.　　　　　　彼女は一生懸命ドイツ語を学んでいる。
　　定動詞

Sie <u>will</u> fleißig Deutsch <u>**lernen**</u>.　　　彼女は一生懸命ドイツ語を学ぶつもりだ。
　　定動詞　　　　　　　　　不定詞

■ 話法の助動詞は様々な意味で用います。「　　」を日本語で補いましょう。

Sie **kann** gut schwimmen.　　　　　　　彼女は「　　　　　　　　　　」ができる。

Können Sie mir bitte helfen?　　　　　　「　　　　　　　　　　」していただけますか？

Das **kann** falsch sein.　　　　　　　　　それは「　　　　　　」かもしれない。

Das **kann nicht** wahr sein.　　　　　　　それは「　　　　　　」ではありえない。

Wir **dürfen** nach Hause gehen.　　　　　私たちは「　　　　　　」て構わない。

Aber er **darf nicht** gehen.　　　　　　　しかし彼は「　　　　　」はいけない。

Ihr **müsst** morgen arbeiten.　　　　　　「　　　　　　　　」ねばならない。

Ich **muss** aber **nicht** arbeiten.　　　　だが、「　　　　　　　」なくてよい。

Sie **muss** betrunken sein.　　　　　　　「　　　　　　　」に違いない。

Er **will** nach Österreich fliegen.　　　　「　　　　　　　　」たがっている。

Wollen wir zusammen ins Kino gehen?　一緒に映画を見に行こうか？

Sie **sollen** später zu mir kommen.　　　あとで私のところに来てもらいたい。

Die Kinder **sollen** viel spielen.　　　　　「　　　　　　　　　　　　」べきだ。

Sie **soll** über 100 Jahre alt sein.　　　　彼女は100歳「　　　　」という話だ。

Das **mag** sein. (Das **kann** sein.)　　　そうかもしれない。

Ich **mag** Kinder.　　　　　　　　　　　私は「　　　」が好きだ。（不定詞を伴わない）

Ich **möchte** Herrn Kurz sprechen.　　　クルツさんと「　　　」したいのですが。

◆ möchte は mögen が特殊な変化（接続法第Ⅱ式 ⇒ Lektion 12）をしたもので、主語の**願望を丁寧**に表します。

◆ **分離動詞が助動詞と一緒**に使われるとき、**分離動詞が副文中で文末**に置かれるとき、前つづりは分離しません。

Ich **stehe** nicht so früh **auf**. → Ich **kann** nicht so früh **aufstehen**.

Sie weiß, dass ich nicht so früh **aufstehe**.

2) その他の助動詞

◆ 動詞 werden は、未来の助動詞として使うことができます。未来形は、**未来**の意味を表す以外にも様々な意味で用います。

Die Sommerhitze **wird** morgen **zurückkommen**. 明日、夏の暑さが戻って来るでしょう。（未来）

Sie **wird** jetzt in München **sein**. 彼女は今、ミュンヒェンにいるだろう。（現在の事柄の推量）

Ich **werde** dich zum Bahnhof **begleiten**. 僕が君を駅まで送ろう。（一人称主語の意志）

Du **wirst** jetzt deine Hausaufgaben **machen**. さあ、宿題をやりなさい。（二人称主語への命令）

◆ gehen は助動詞のように使うことがあります。

Wir **gehen** morgen **schwimmen**. 我々は明日泳ぎに行きます。

◆ sehen や hören など、知覚動詞は助動詞のように使うことができます。

Ich **sehe** ihn **kommen**. 彼が**来る**のが見える。（Ich sehe, dass er kommt.）

Sie **hört** den Hund **bellen**. 彼女には犬の**吠える**のが聞こえる。(Sie hört, dass der Hund bellt.)

◆ 使役動詞 lassen も助動詞のように使います。

Meine Frau **lässt** dich **grüßen**. 妻が君によろしくって言っているよ。

Übungen

A. （　）内の動詞（分離動詞・非分離動詞）を正しい形にして全文を書きかえなさい。

1) Der Zug (abfahren) um 17 Uhr.

   Der Zug _____.

2) Luise (erfahren) die Nachricht von der Mutter.

   Luise _____.

3) Die U-Bahn (ankommen) mit Verspätung.

   Die U-Bahn _____.

4) Ich (bekommen) einen Brief aus Deutschland.

   Ich _____.

5) Die Vorlesung (anfangen) bald.

   Die Vorlesung _____.

6) Johanna (verstehen) den Professor nicht.

   Johanna _____.

7) Sie (einschlafen) gleich.

   Sie _____.

8) Wir (zuhören) ihm aber aufmerksam.

   Wir _____.

B. 下線部に（　）内の話法の助動詞を正しい形にして入れ、和訳しなさい。

1) Der Großvater _____ krank sein. (müssen)

2) Hier _____ wir nicht rauchen. (dürfen)

3) Wann _____ ich zu Ihnen kommen? (sollen)

4) Ich _____ gern Kaffee. (mögen)

5) Mein Sohn _____ gut Ski fahren. (können)

6) Er _____ das Ticket kaufen. (wollen)

7) _____ ich hier bleiben? (dürfen)

8) Er _____ fleißig arbeiten. (müssen)

C. 話法の助動詞を使って書きかえ、和訳しなさい。

1）Das ist ein Irrtum. (müssen)

_____

2）Das passiert mir nicht! (können)

_____

3）Parkt man hier? (dürfen)

_____

4）Rufe ich dich später an? (sollen)

_____

5）Du nimmst Platz. (können)

_____

6）Stelle ich Ihnen meine Kollegen vor? (dürfen）

_____

会 話 練 習

❶ 例にならって時の表現を使い、下線部を入れ替えて口頭練習しましょう。 🎧 45

例1）A: Um wieviel Uhr **fährt** <u>der Zug</u> nach <u>Salzburg</u> **ab**? 何時にザルツブルク行の列車は発車しますか？

B: <u>Er</u> **fährt** um <u>11</u> Uhr von hier **ab**. 11 時にここを発車します。

（abfahren 発車する）

例2）A: Und wann **kommt** er dort **an**? その列車はいつ向こうに到着しますか？

B: Er **kommt** um <u>13.05</u> Uhr in <u>Salzburg</u> **an**. ザルツブルクには 13 時 5 分に到着します。

（ankommen 到着する）

der Bus	die Bahn	das Schiff	der Express			
Berlin	Hamburg	Paris	Tokio	Kioto	Osaka	Innsbruck
Freiburg	London	Weimar	Prag	Budapest	Dresden	Moskau

2 例にならって下線部を入れ替え、会話しましょう。 46

例 1） A: Was kannst du gut?

B: Ich kann gut <u>Tennis spielen</u>. / Ich kann gut <u>kochen</u>. / Ich kann gut <u>Auto fahren</u>.

> Fußball spielen   Klavier spielen   Geige spielen   Flöte spielen
>
> Ski fahren   Schlittschuh laufen   Rad fahren   Deutsch sprechen
>
> schwimmen   rechnen   malen   singen   tanzen

例 2） A: Was <u>willst</u> du heute machen?   B: Ich <u>will</u> <u>ein Konzert besuchen</u>.

例 3） A: <u>Darf</u> ich hier <u>rauchen</u>?   B: Nein, hier <u>dürfen</u> Sie nicht <u>rauchen</u>.

Ja, hier <u>dürfen</u> Sie <u>rauchen</u>.

例 4） A: <u>Soll</u> ich <u>die Tür</u> <u>zumachen</u>?   B: Ja, <u>mach</u> bitte <u>die Tür</u> <u>zu</u>!

Nein, <u>mach</u> bitte <u>die Tür</u> nicht <u>zu</u>!

> wollen   möchten   können   dürfen   sollen   müssen
>
> schwimmen / einkaufen / ins Kino / in die Oper   gehen
>
> ein Museum / einen Tiergarten / eine Party / Freunde   besuchen
>
> Hausaufgaben machen   arbeiten   Ruhe haben
>
> parken   frühstücken   essen   tanzen
>
> das Fenster / das Geschenk / das Paket / die Flasche   aufmachen / zumachen

Lektion 7

DIALOG **1** *Es darf kein Tag ohne Musik vergehen!*

Monika : Wie oft spielst du Klavier, Izumi?

Izumi   : Ich spiele jeden Tag mindestens drei Stunden Klavier.

Monika : Auch an Sonn- und Feiertagen?

Izumi   : Ja, natürlich. Es darf kein Tag vergehen, ohne Klavier zu spielen. Diese Gewohnheit habe ich schon lange.

Grab von Johann Strauß

Monika : Ich kann mir gut vorstellen, dass du einmal als Klavierspielerin berühmt wirst.

Izumi   : Ja, das wünsche ich mir sogar.

Monika : Bleibst du dann in Europa?

Izumi   : Das weiß ich nicht. Ich möchte dann aber eine Weltreise machen. Ich meine, von Konzertsaal zu[1] Konzertsaal weltweit Tourneen zu machen, ist mein Traum.

Monika : Sehr schön.

1) von ... zu ... :「～から～へと」慣用表現であり通常は無冠詞

DIALOG **2** *Österreich und seine Dialekte*

Monika : Kento, du bist mittlerweile schon ein halbes Jahr in Österreich. Wie gefällt's dir hier?

Kento : Sehr gut. Ich bin froh, dass ich hier bin. Es gibt viele schöne Landschaften. Besonders gefällt mir aber die österreichische Kultur. Ich finde, dass es ein tolles Land ist.

Monika : Und wie findest du die Menschen hier?

Kento : Sehr nett. Nur ihre Sprache ist manchmal schwer zu verstehen. Ich meine den österreichischen Dialekt.

Monika : Eigentlich gibt's hier keinen einheitlich österreichischen Dialekt, sondern verschiedene Dialekte. Das Tirolerische[1] z.B. ist ganz anders als das Wienerische. Österreicher sind auf ihre Dialekte stolz und sprechen nicht gern Hochdeutsch. Auch in Deutschland spricht man von Gegend zu Gegend anders. Wie ist es in Japan? Gibt es dort auch viele Mundarten?

Kento : Ja, aber manche Japaner sind ihrem Dialekt nicht so treu. Sie glauben, dass die Standardsprache besser ist.

Monika : Das finde ich nicht richtig. Schließlich ist die Sprache ein Teil der Identität, nicht wahr? Man braucht sich nicht für seinen Dialekt zu schämen. Oh Gott, ich muss jetzt gehen. Pfiat di[2]!

Kento : Was? Wie bitte!?

1) das Tirolerische: チロル方言、das Wienerische: ウィーン方言
2) Pfiat di: 別れの挨拶表現。「じゃあね」「さよなら」（Behüte dich Gott! の短縮）

LESESTÜCK *Musikleben in Wien* 49

Interessierst du dich für Musik? Wien ist als Hauptstadt der Musik bekannt. Auf Wiens Friedhöfen liegen berühmte Komponisten wie Mozart, Beethoven, Schubert, Brahms, Bruckner, Mahler, Wolf usw. begraben[1]. Es gibt mehrere Musikhochschulen, vier Opernhäuser und viele Konzertsäle. Man hat die Möglichkeit, jeden Abend und auch am Tage ein Konzert oder eine Opernaufführung zu besuchen. Oft muss man sich für eine Veranstaltung entscheiden, weil mehrere Veranstaltungen gleichzeitig stattfinden.

1) begraben: 葬られた

Grammatik 再帰表現 / zu 不定詞 / 形容詞

 1 再帰表現

1）再帰代名詞

Ich denke nur an **dich**. 　　　　私は君のことばかり考えている。

Aber du denkst nur an **dich** selbst. 　しかし、君は自分のことばかり考えている。

　　　　　　　　　　　　　　　＊主語が 3 人称のとき ⇒ Er denkt nur an **sich**.

◆ 一つの文の中で主語と同じ人を表す代名詞を再帰代名詞と言います。

◆ 再帰代名詞には 3 格と 4 格の二つがあります。

主語（1 格）		ich	du	er/sie/es	wir	ihr	sie	Sie
再帰代名詞	3 格	mir	dir	sich	uns	euch	sich	sich
	4 格	mich	dich	sich	uns	euch	sich	sich

2）再帰動詞（4 格の再帰代名詞を伴う場合）

◆ 動詞と再帰代名詞が組み合わされ、熟語的に使われる表現があります。そうした動詞を再帰動詞と言います。

Ich **setze** meinen Sohn auf den Stuhl.　　　私は息子を椅子に座らせる。
　　　他動詞　　4格（〜を）

Ich setze mich auf den Stuhl.　　　　　　　私は椅子に座る。
　　　再帰動詞

Er **setzt** ihn auf den Stuhl.　　　　　　　彼は（別の）彼を椅子に座らせる。
　　　他動詞

Er **setzt sich** auf den Stuhl.　　　　　　　彼は椅子に座る。
　　　再帰動詞

◆ 多くの場合、「〜させる」の意の他動詞が、再帰代名詞をともなうと「〜する」の意味の再帰動詞になります。

Ich erinnere mich oft **an** meine Kindheit.　　　私は子供のころをよく思い出す。

Er interessiert sich nicht **für** Fußball.　　　彼はサッカーには興味がない。

Melde dich **bei** mir, sobald du in Wien bist!　　ウィーンに到着したら、すぐ私に連絡してね！

◆ 再帰表現は**特定の前置詞**付きの目的語を要求することがよくあります。また、前置詞により再帰動詞の意味が異なる場合もあります。

Sie freut sich **über** das Geschenk.　　　彼女はプレゼントを喜んでいます。

Er freut sich **auf** Weihnachten.　　　　　彼はクリスマスを楽しみにしています。

3) 再帰動詞（3 格の再帰代名詞を伴う場合）

Ich　 wasche　 mir　 die Hände.　　　　　　私は自分の手を洗う。
　　　再帰動詞　（＋3格）4格目的語

◆ 3 格の再帰代名詞を伴う再帰動詞は、ほかに 4 格目的語「〜を」も必要とします。

Du putzt dir die Zähne.　　　　　　　　　君は歯を磨く。

Sie kauft sich diese Bücher.　　　　　　　彼女はこれらの本を買う。

Ich stelle mir die Zukunft anders vor.　　　僕は将来を異なった風に想像している。（分離動詞）

2　zu 不定詞

◆ 不定詞の前に zu を置いたものを **zu 不定詞**と言い、zu 不定詞が目的語や副詞等を伴ったものを **zu 不定詞句**と言います。

zu lernen（zu 不定詞）　　　　fleißig Deutsch **zu** lernen（zu 不定詞句）

◆ 目的語や副詞等は zu 不定詞より前に置きます。

1) 名詞的用法（「〜すること」）

Viel zu essen ist gesund.　　　　　　　たくさん食べることは健康的だ。

Es ist nicht gesund, **in der Nacht zu essen.***　夜中に食事するのは不健康だ。

Ich empfehle Ihnen, **viel Wasser zu trinken**.　　たくさん水を飲むようにお勧めします。

　　　　＊ zu 不定詞句が長くなるとき、意味のない es で置き換え、zu 不定詞句はコンマの後ろに置きます。

2）形容詞的用法（前の名詞を説明「～する～」）

Ich habe keine **Zeit**, **einkaufen zu gehen**.　　私は買い物に行く時間がない。

Hast du **Lust**, **morgen ins Kino zu gehen**?　　明日映画を見に行く気はあるかい？

3）副詞的用法

um ... zu ....「～する為に」　　　**ohne .... zu ....**「～せずに」

(an)statt.... zu .....「～する代わりに

Sie studiert Medizin, **um Ärztin zu werden**.　　医師になるために彼女は医学を専攻している。

Sie geht weg, **ohne uns zu grüßen**.　　彼女は我々に挨拶せずに行ってしまう。

Statt es zu verkaufen, verschenkt er es.　　彼はそれを売る代わりにタダであげる。

　　　　　＊この場合 um / ohne / statt は直後の名詞や代名詞の格を支配しません。

4）sein + zu 不定詞（～されうる；～されねばならない）

Diese Frage **ist** leicht **zu** beantworten.　　この問いは簡単に答えられる。

An der Grenze **sind** die Ausweise vor**zu**legen.　　国境では身分証を提示しなければならない。

5）haben + zu 不定詞（～しなければならない）

Um die Prüfung zu bestehen, **hast** du noch viel **zu** lernen.

　　試験に合格するには、君はまだたくさん勉強しなければならない。

6）brauchen + 否定詞 + zu 不定詞（～する必要はない）

Du **brauchst** das **nicht zu** kaufen.　　君はそれを買う必要はない。

3 　形容詞

1）形容詞の用法

　　ドイツ語の形容詞には、**次の 3 つの用法**があります。

　　① Der Student ist **fleißig**.　　その学生は勤勉だ。　　　【述語的用法】

　　② Er arbeitet **fleißig**.　　彼は一生懸命に勉強している。　【副詞的用法】

　　③ Er ist ein **fleißiger** Student.　　彼は勤勉な学生だ。　　【付加語的用法】

【述語的用法】　sein, werden, bleiben などの動詞とともに形容詞は述語となります。

　　　　　　　Manchmal wirst du **faul**.　　ときどき君は怠け者になる。

【副詞的用法】　形容詞はそのまま副詞として動詞を修飾することができます。

【付加語的用法】　名詞を修飾する語を**付加語**と呼びます。付加語形容詞は語尾を持ちます。

　　　　　　　語尾は**冠詞の種類・性・数・格**に応じて変化します。

2）付加語形容詞の変化

①《強変化》（無冠詞）＋形容詞＋名詞

	男性	女性	中性	複数
1格	gut**er** Wein	frisch**e** Milch	kalt**es** Wasser	schwarz**e** Haare
2格	gut**en** Wein(e)s	frisch**er** Milch	kalt**en** Wassers	schwarz**er** Haare
3格	gut**em** Wein	frisch**er** Milch	kalt**em** Wasser	schwarz**en** Haaren
4格	gut**en** Wein	frisch**e** Milch	kalt**es** Wasser	schwarz**e** Haare

②《弱変化》定冠詞類＋形容詞＋名詞

	男性	女性	中性	複数
1格	der dick**e** Mann	die link**e** Hand	das dünn**e** Heft	die fleißig**en** Studenten
2格	des dick**en** Mann(e)s	der link**en** Hand	des dünn**en** Heft(e)s	der fleißig**en** Studenten
3格	dem dick**en** Mann	der link**en** Hand	dem dünn**en** Heft	den fleißig**en** Studenten
4格	den dick**en** Mann	die link**e** Hand	das dünn**e** Heft	die fleißig**en** Studenten

③《混合変化》不定冠詞類＋形容詞＋名詞

	男性	女性	中性	複数
1格	ein rot**er** Wagen	eine schön**e** Stadt	ein groß**es** Haus	seine klein**en** Kinder
2格	eines rot**en** Wagens	einer schön**en** Stadt	eines groß**en** Hauses	seiner klein**en** Kinder
3格	einem rot**en** Wagen	einer schön**en** Stadt	einem groß**en** Haus	seinen klein**en** Kindern
4格	einen rot**en** Wagen	eine schön**e** Stadt	ein groß**es** Haus	seine klein**en** Kinder

3）序数

序数は「第〜の」、「〜番目の」の意味を表す数で、形容詞として使います。

erst 「第1の」：die **erste** Begegnung「最初の出会い」

zweit 「第2の」：der **zweite** Platz「第2位」

dritt 「第3の」：der **dritte** Versuch「3度目の試み」

◆ 4〜19は基数のあとに -t、20〜100は基数のあとに -st を付けて序数にします（8は例外）。

4. **vier**t	8. **ach**t	19. **neunzehn**t	100. **hundert**st		
5. **fünf**t	9. **neun**t	20. **zwanzig**st	101. **hundert**e**rs**t		
6. **sechs**t	10. **zehn**t	21. **einundzwanzig**st	102. **hundertzwei**t		
7. **sieb(en)**t	11. **elf**t	99. **neunundneunzig**st	122. **hundertzweiundzwanzig**st		

◆ 序数をアラビア数字で表記する場合、数字のあとにプンクト（.）を置きます。

der 1. Preis (der erste Preis)「第1等」/ die 2. Runde (die zweite Runde)「第2ラウンド」

Übungen

A. （　　）に正しい再帰代名詞を、下線部には正しい前置詞を入れなさい。

1）Sie erinnert (　　　　　) _____ ihren Großvater.

2）Wir putzen (　　　　) die Zähne.

3）Ich interessiere (　　　　) nicht _____ Politik.

4）Sie freuen (　　　　) schon _____ die Ferien.

5）Er meldet (　　　　) bei mir, wenn er freihat.

6）Kannst du (　　　　) vorstellen, wie froh ich bin?

7）Wascht (　　　　) die Hände, Kinder!

B. 次の文を **um ... zu ...**、**ohne ... zu ...** または **statt ... zu ...** を使って書きかえなさい。

1）Wir fahren nach München. Wir besuchen dort ein Konzert.

　　Wir fahren nach München, um _____.

2）Meine Mutter kommt ins Zimmer. Sie klopft vorher nicht an.

　　Ohne _____, kommt meine Mutter ins Zimmer.

3）Ich gehe zu ihm. Ich rufe ihn nicht an.

　　_____

C. 下線部に正しい語尾を入れ、全文を和訳しなさい。

1）Er macht seiner alt_____ Mutter ein groß_____ Geschenk.

2）Für Ihre groß_____ Freundlichkeit danke ich Ihnen.

3）Seine zweit_____ Tochter heiratet meinen erst_____ Sohn.

4）Vor jenem weiß_____ Haus steht ein schwarz_____ Fahrrad.

5）In einem groß_____ Geschäft kauft er sich eine blau_____ Hose.

6）Er trägt immer einen braun_____ Hut.

7）Dieser schön_____ Hut gehört dem jung_____ Arzt.

8）„Die lustig_____ Witwe" ist eine berühmt_____ Operette von Franz Lehár.

会 話 練 習

1 例にならって、日にちの言い方を練習しましょう。
50

例1） Den Wievielten haben wir heute? － Heute haben wir den <u>neunten November</u>.

Den Wievielten haben wir heute? － Heute haben wir den _____.

例2） Der Wievielte ist heute? － Heute ist der <u>neunte November</u>.

Der Wievielte ist heute? － Heute ist der _____.

例3） Wann hast du Geburtstag? － Ich habe am <u>ersten August</u> Geburtstag.

Wann hast du Geburtstag? － Ich habe am _____ Geburtstag.

2 頻度の表現を練習しましょう。
51

1） 右の例を参考に、下線部を入れ替えて会話しましょう。

A: Wie oft gehst du einkaufen?

B: Ich gehe _____ einkaufen.

Ich gehe	**jeden Tag** **jeden zweiten Tag/** **alle zwei Tage** **jeden dritten Tag/** **alle drei Tage**		einkaufen.
	einmal **zweimal** **dreimal**	**pro Woche** **(die Woche)**	
	jede Woche **jeden Monat**		

2） 右の例を参考に、<u>下線部</u>や<u>点線部</u>を入れ替えて会話しましょう。

A: Was machst du gern?

B: Ich <u>spiele</u> gern <u>Tennis</u>.

A: Wie oft <u>spielst</u> du <u>Tennis</u>?

B: Ich <u>spiele</u> .... <u>Tennis</u>.

Ich spiele	**einmal** **zweimal** **dreimal** **...mal**	**pro**	**Woche** **Monat** **Jahr** **Tag**	Tennis.
	jeden Tag **alle zwei Tage** **jede Woche** **alle zwei Wochen** **jedes Wochenende**			

★趣味の表現は Lektion 4 の会話練習を参考にしましょう！

58

Lektion 8

DIALOG   *In einem Kaffeehaus*

Es regnet heute. Kento und Izumi sitzen in einem Kaffeehaus und unterhalten sich.

Izumi : Kento, ich weiß nicht viel von der Geschichte Österreichs. Kannst du mir bitte
ein bisschen davon erzählen?

Kento : Gerne. Aber ich weiß selber nicht viel. Außerdem gibt es viele wichtige
Ereignisse. Wo soll ich anfangen, zu erzählen? Österreich hat ja eine lange
Geschichte.

Izumi : In meinem Reiseführer steht schon einiges über die Habsburger, besonders
über Maria-Theresia und Sissi¹⁾. Es gibt auch viele japanische Bücher über die
kaiserliche Familie. Ich möchte lieber mehr über die Zeit nach dem Zerfall der
Monarchie bis in die Gegenwart wissen.

Kento : Das ist eine heikle Geschichte und ziemlich kompliziert.

Izumi : Aber du sollst sie ganz einfach in etwa 20 Sätzen erzählen.

Kento : Oh, das ist schwer. Ich versuche es!

1) Sissi: 皇帝フランツ＝ヨーゼフの妃エリーザベト。ロミー・シュナイダー
がタイトルロールを演じた映画「Sissi」によっても知られる。

LESESTÜCK   *Die neuere Geschichte Österreichs*

 Als der Erste Weltkrieg 1918 zu Ende ging, brach die
alte Habsburger Monarchie zusammen. Österreich-
Ungarn verlor den Krieg und musste akzeptieren,
dass ein beträchtlicher Teil seines Staatsgebietes
verloren ging. Es entstanden neue Staaten wie die
Tschechoslowakei, Ungarn u.a. aus dem ehemaligen

Mauthausen 強制収容所

österreichisch-ungarischen Staatsgebiet. Italien, Rumänien, Polen u.a. erhielten weite
Teile Österreich-Ungarns. Obwohl Österreich eine Republik wurde, war die Demokratie
nicht von langer Dauer. Anfang der 1930er Jahre kam ein autoritäres Regime¹⁾ an die
Macht und verbot sowohl den Kommunismus als auch den Nationalsozialismus²⁾. 1938
marschierte aber Hitler mit seinen Truppen in Österreich ein und annektierte es an Nazi-
Deutschland. "Gezwungenermaßen" heißt es später auf Seiten Österreichs, aber als
Hitler damals auf dem Wiener Heldenplatz den Anschluss seiner "Heimat"³⁾ an das

Deutsche Reich proklamierte, jubelte eine Unmenge Österreicher vor Freude. Widerstandskämpfer, Juden, Roma und Sinti, Homosexuelle u.a. kamen entweder in die Konzentrationslager oder mussten sich verstecken.

(Fortsetzung in der nächsten Lektion)

1) ein autoritäres Regime: 1933 年から 38 年までのオーストリアの政権はイタリア・ファシズムの影響を受けており、「オーストロ・ファシズム」と呼ばれることもある。

2) ドイツとの統一を主張するナチズムとオーストリアの独立性を守ろうとするオーストロ・ファシズムは相入れなかった。

3) "Heimat": Adolf Hitler はオーストリアのブラウナウ生まれ

Grammatik　動詞の 3 基本形 / 過去形の使い方 / es の用法

1　動詞の 3 基本形

1）弱変化（規則動詞）

現在形：Der Student **lernt** Deutsch.　　　　　　　　　その学生はドイツ語を学んでいる。

過去形：Er **lern**te Deutsch.　　　　　　　　　　　　彼はドイツ語を学んだ。

現在完了形（**過去分詞**を用いる）：Er hat Deutsch **ge**lern**t**.　　彼はドイツ語を学んだ。

◆　ドイツ語文の時制には、**現在**、**過去**、**現在完了**、**過去完了**、**未来**、**未来完了**があります。

◆　時制を表すため、動詞は 3 通りに変化します。（完了や未来を表すには助動詞も必要）

◆　**不定詞**・**過去基本形**・**過去分詞**の 3 つを 3 基本形と呼びます。

　　lernen － lernte － gelernt

◆　動詞の**大半は規則的**に 3 基本形を作ります。規則変化は、語尾と前つづりのみの変化で、語幹は変わりません。（**弱変化**とも呼ぶ）

不定詞	過去基本形	過去分詞
wohnen	**wohnte**	**gewohnt**
machen	**machte**	**gemacht**
spielen	**spielte**	**gespielt**
語幹 -en	語幹 -te	ge- 語幹 -t

◆　上記のような動詞のことを**規則動詞**と呼びますが、現在人称変化で「規則的」と呼んだ動詞とは必ずしも一致しません。

2）強変化（不規則動詞 1）

◆　日常頻繁に使われる重要動詞の多くは不規則な変化をします。**語幹が変化**し、語尾も弱変化とは異なった形になる変化を、**強変化**と呼びます。

不定詞	過去基本形	過去分詞
kommen	kam	gekommen
gehen	ging	gegangen
stehen	stand	gestanden
essen	aß	gegessen
語幹 -en	語幹	ge- 語幹 -en

3) 混合変化（不規則動詞 2）

◆ 語幹が不規則に変化しながら、前つづりと語尾は弱変化動詞と同じになる変化を**混合変化**と呼びます。

不定詞	過去基本形	過去分詞
bringen	brachte	gebracht
denken	dachte	gedacht
wissen	wusste	gewusst
語幹 -en	語幹 -te	ge- 語幹 -t

4) 特に重要な不規則動詞

◆ 次の重要な動詞はいずれも不規則変化です。この際、覚えてしまいましょう。

不定詞	過去基本形	過去分詞
sein	war	gewesen
haben	hatte	gehabt
werden	wurde	geworden

◆ 分離動詞や非分離動詞の場合、過去形は動詞の本体部分だけを過去形にします。

◆ 分離動詞の過去分詞は分離前綴りと動詞本体のあいだに -ge- を挟み、全体を繋げます。

◆ 非分離動詞の過去分詞には ge- を付けません。

◆ -ieren で終わる外来系の動詞は規則動詞の仲間ですが、過去分詞には ge- を付けません。

	不定詞	過去基本形	過去分詞	過去分詞に…
分離動詞	zumachen	machte ... zu	zugemacht	**ge-** が付く
	ankommen	kam ... an	angekommen	
非分離動詞	bekommen	bekam	bekommen	**ge-** は付かない
	geschehen	geschah	geschehen	
外来系動詞	studieren	studierte	studiert	

2　過去形の使い方

◆　過去形も人称・数によって語尾変化（人称変化）します。

過去基本形	**lernte**	**kam**	**wurde**
定動詞	ich **lernte**	ich **kam**	ich **wurde**
	du **lerntest**	du **kamst**	du **wurdest**
	er **lernte**	er **kam**	er **wurde**
	wir **lernten**	wir **kamen**	wir **wurden**
	ihr **lerntet**	ihr **kamt**	ihr **wurdet**
	sie **lernten**	sie **kamen**	sie **wurden**
	Sie **lernten**	Sie **kamen**	Sie **wurden**

◆　複数 **wir/sie** と**敬称 Sie が主語のとき、語尾の** e は重ねず**いつも -en で終わります。**

◆　例外はなく、常に上記のとおり変化します。

◆　現在形と同じく、主文では文中の 2 番目に、副文では文末に置いて使います。

Der Bus **fuhr** so langsam, dass wir den Zug **verpassten**.

バスがあまりにゆっくりだったため、私たちは列車に乗り遅れました。

3　es の用法

1）非人称主語の es

英語の *it* と同様、es は非人称表現の主語として、何も指すことなく使うことができます。

① 非人称動詞とともに

Es regnet. / **Es** schneit. / **Es** blühte und duftete im Wald.（自然現象）

雨が降っている。／雪が降っている。／森の中は花が咲き、香っていた。

② sein 動詞とともに

Es ist heute kalt.　今日は寒い。（自然現象）→ Heute ist **es** kalt.

ただし、生理・感覚現象を表す場合：Es ist mir kalt. → Mir ist kalt.*　私は寒い。

＊この場合の es は、文頭以外では欠落する（mir が意味上の主語であるため）

Wie spät ist **es** jetzt? － **Es** ist 10 Uhr.　　今何時ですか？ － 10 時です。

③ 普通の動詞とともに（主語を明示したくない／できない場合）

Es klopft an der Tür. / An der Tür klopft es.　ドアをノックする音がする。

Es brennt.　火事だ。

Wie gefällt **es** Ihnen in Wien?　ウィーンは気に入りましたか。

④ 非人称主語 es を使った慣用表現

es gibt + 4 格 ：**Es** gibt viele Bücher.　沢山の本がある。

es geht + 人の 3 格 + 形容詞 ：Wie geht **es** Ihnen? － Danke, (**es** geht mir) gut.

お元気ですか？－ありがとう、（私は）元気です。

es kommt zu + 3格 ： 1904 kam **es** zum Krieg zwischen Japan und Russland.

1904 年、日本とロシアのあいだで戦争となりました。

⑤ 非人称の es は 4 格目的語になることもある

Er hat **es** gut. 彼はいい生活をしている。

Sie meint **es** gut mit ihm. 彼女は彼に好意を持っている。

2) 先行または後出する表現を指して使われる es

① 中性単数の名詞を受けて（人称代名詞 ⇒ Lektion 2）

Wo ist *mein Wörterbuch*? － Ist **es** nicht in deiner Tasche?

私の辞書はどこ？ －君の鞄の中じゃない？

② 性・数に関係なく名詞を受けて

Ich habe *eine Reise* gemacht. **Es** war ein schöner Urlaub.

私は旅行しました。それは良い休暇旅行でした。

③ 前文全体又はその一部を受けて

Weißt du, *warum er heute nicht kommt*? － Ich weiß **es** nicht.

君は彼が今日なぜ来ないのか知っているかい？ － 知らないよ。

Ich kann nicht *singen*, aber meine Frau kann **es** sehr gut.

私は歌は歌えないが、私の妻はとてもうまい。

Er ist *mutig* und wird **es** immer bleiben. 彼は勇敢だし、これからもずっとそうだろう。

④ 状況や文脈から解るものを指して

Es ist gut so. / Ich schaffe es! これでいいのだ。／ やってみせる！

3) 文頭を埋めるだけの es

① 本来の主語が後から出てくるため、仮主語としての es が文頭を埋めることがある。

Es geschah gestern *ein schwerer Unfall*. 昨日、大きな事故があった。

Es war einmal *eine Königstochter*. 昔、一人の王女様がおりました。

② 後述の zu 不定詞句や 副文（dass... / wenn.../ など）を先取りする

Es ist schwer, *eine Fremdsprache zu beherrschen*. 外国語をマスターするのは難しい。

Es sind zwei Jahre her, *dass er aus Österreich zurückgekommen ist*.

彼がオーストリアから帰って来て 2 年になる。

Es ist unklar, *warum er so etwas tut*. なぜ彼がそんなことをするのか、はっきりしない。

A. 下線部に（　　）内の動詞を過去形にして入れ、全文を和訳しなさい。

Monika _____ (zeigen) mir Fotos von Rom und _____ (fragen) mich: „ _____ (sein) du schon mal in Rom?" „Nein," _____ (antworten) ich, „ich _____ (wollen) auch mal nach Rom, aber _____ (haben) bisher keine Gelegenheit." Monika _____ (erzählen): „Als ich mit meiner Familie zum ersten Mal nach Rom _____ (fahren), _____ (aufstehen) mein Bruder am Morgen zu spät _____. Ich _____ (denken) fast, dass wir den Zug _____ (verpassen). Aber der Zug _____ (ankommen) auch mit Verspätung _____. So _____ (können) wir am selben Abend in Rom sein. Dort _____ (schreiben) ich eine Ansichtskarte an eine Freundin in Österreich. Sie _____ (erhalten) sie aber erst nach einem Monat, als ich längst schon zurück _____ (sein). "

B. 次の文を過去形に書きかえなさい。

1) Er gibt mir ein Foto.

_____

2) Der Zug fährt um 17 Uhr von Wien ab.

_____

3) Die Ampel wird gleich rot.

_____

4) Wenn es regnet, bleibt sie zu Hause und liest Romane.

_____

5) Herr Wagner will am Kiosk eine Zeitung kaufen.

_____

6) Als es zum Krieg kommt, kann er sein Studium nicht fortsetzen.

_____

会 話 練 習

1 右の例のように、下線部を入れ替えて練習しましょう。

A: <u>Guten Tag</u>! Wie geht es <u>Ihnen</u>?

B: Danke, <u>gut</u>. Und <u>Ihnen</u>?

A: Danke, <u>es geht</u>.

Guten Tag!	**Wie geht's?**	
Guten Morgen!	**Wie geht es**	dir?
Guten Abend!		Ihnen?
Grüß Gott!		
Grüß dich!		
Servus!		
Danke,	**sehr gut.**	Und dir?
	gut.	Und Ihnen?
	es geht.	
	nicht gut.	
	schlecht.	

2 **zu** 不定詞句の下線部を、枠内の表現に置き替えて練習しましょう。

A: Macht es (dir) Spaß, <u>Deutsch</u> zu <u>lernen</u>?

B: Ja, es macht (mir) Spaß. / Nein, es macht (mir) keinen Spaß.

Englisch / Spanisch / Chinesisch / Französisch   lernen

über   Politik / Umweltschutz / Krieg und Frieden   diskutieren

Tolstoi / Goethe / Shakespeare / Gedichte / Romane / Krimi / Thriller   lesen

Ski / Schlittschuh   laufen   Horrorfilme / Anime   schauen

Rock / Jazz / Klassik / Schlager   hören

mit Kindern spielen   sich mit den Großeltern unterhalten

Lektion 9

Izumi : Kento, wo warst du gestern Abend? Ich habe dich angerufen, aber du warst nicht erreichbar.

Kento : Gestern Abend bin ich in der Volksoper gewesen und habe mir eine Vorstellung von *Der Graf von Luxemburg* angeschaut. Es tut mir leid. In der Oper habe ich das Handy ausschalten müssen.

Izumi : Von wem ist die Oper? Ich habe nie davon gehört.

Kento : Das ist eine Operette von Franz Lehár. Es geht um eine Dreiecksbeziehung, also eine Liebesgeschichte.

Izumi : So etwas wie *Tristan und Isolde* von Richard Wagner?

Kento : Nein, eigentlich nicht. Diese Operette hat kein tragisches Ende, sondern ein Happy End. Lehár hat viele lustige, aber stimmungsvolle Operetten komponiert. Kennst du zum Beispiel *Die lustige Witwe*?

Izumi : Ja, natürlich. Die[1] gefällt mir. Aber warum hast du mich nicht gefragt? Gestern hatte ich Zeit. Bist du allein in die Oper gegangen?

1) die は指示代名詞。前文の *Die lustige Witwe* を指す。

LESESTÜCK *Belastete Vergangenheit*

Unmittelbar nach dem Ende des Zweiten Weltkriegs wurden Österreich und seine Hauptstadt Wien in vier Besatzungszonen geteilt. Erst 1955 konnte es einen Staatsvertrag mit den Siegermächten schließen und als demokratischer und "neutraler"[1] Staat wieder unabhängig werden.

Burgtheater

Österreich hat bis in die 80er Jahre als das erste Opfer der expansionistischen Machtpolitik des nationalsozialistischen Deutschlands gegolten. Als sich aber herausstellte, dass der ehemalige UN-Generalsekretär Kurt Waldheim, ein Österreicher, in den Kriegsjahren der SA[2] angehört hatte, hat man angefangen, über die Täterschaft Österreichs zu diskutieren. Nachdem Waldheim trotzdem zum österreichischen Bundespräsidenten gewählt wurde, gab es starke Kritik. Das Theaterstück *Der Heldenplatz* des Autors Thomas Bernhard setzt sich kritisch mit dem Judenhass von einst und heute auseinander. Die Uraufführung im

Burgtheater 1988 wurde zu einem großen Theaterskandal und somit auch zu einem gesellschaftlich einflussreichen Ereignis.

1) neutral: 第 2 次大戦後のオーストリアは軍事的中立を国是としている

2) SA: Stürmische Abteilung（突撃隊）の略

Grammatik　完了時制 / 助動詞構文・副文・zu 不定詞句の完了形 / 男性弱変化名詞

1　完了時制

1）他動詞と自動詞

Ich **liebe** <u>dich</u>. 　　　　4格	私は君を愛している。（**他動詞**）
Er **arbeitet** fleißig.	彼は勤勉に働いている。（自動詞）
Sie **macht** <u>mir</u> <u>ein Geschenk</u>. 　　　　3格　　　**4格**	彼女は私に贈り物をくれる。（**他動詞**）
Ich **helfe** <u>dir</u>. 　　　　3格	手伝ってあげよう。（自動詞）
Er **wartet** <u>auf mich</u>. 　　　　前置詞付き	彼は私を待っている。（自動詞）

◆ ドイツ語の動詞で、**4 格目的語を要求するもの**を他動詞、そうでないものを自動詞と呼びます（3 格目的語や前置詞付き目的語の有無には係わりません）。

2）現在完了形の作り方（その 1）

Ich sehe dich. → Ich <u>habe</u> dich <u>gesehen</u>.　　　僕は君を見たよ。
　　　　　　　　　　完了助動詞　　　過去分詞

Sie zeigt mir den Weg. → Sie <u>hat</u> mir den Weg <u>gezeigt</u>.　　　彼女は私に道を教えてくれた。
　　　　　　　　　　　　　完了助動詞　　　　　　過去分詞

◆ 完了時制では、文中の **2 番目**に完了助動詞、**文末**に過去分詞を置きます。

◆ 完了助動詞は主語と人称・数を一致させます（**定動詞**となる）。過去分詞が主語によって形を変えることはありません。

　　　　　　　　　　　　　　　　　　　　　　　　　　完了助動詞　　　　　　　　　　　　過去分詞
【現在】Ich **bekomme** von ihr ein Geschenk. →【現在完了】Ich <u>habe</u> von ihr ein Geschenk <u>bekommen</u>.
　　　　　定動詞　　　　　　　　　　　　　　　　　　　　　　定動詞

　　　　　　　　　　　　　　　　　　　　　　私は彼女からプレゼントを貰った。

　　　　　　　　　　　　　　　完了助動詞　　過去分詞
【現在】Sie **studiert** Medizin. →【現在完了】Sie <u>hat</u> Medizin <u>studiert</u>.　　　彼女は大学で医学を学んだ。
　　　　　定動詞　　　　　　　　　　　　　　　定動詞

　　　　　　　　　　　　　　　　完了助動詞　　　過去分詞
【現在】Du **machst** alle Fenster zu. → Du <u>hast</u> alle Fester <u>zugemacht</u>.　　　君は窓をみんな閉めてしまった。
　　　　　定動詞　　　　　　　　　　　　　定動詞

3) 現在完了形の作り方（その2）

◆ 完了助動詞としては haben のほかに、sein もあります。

Sie **geht** schon nach Hause. → Sie <u>ist</u> schon nach Hause <u>**gegangen**</u>. 彼女はもう家に帰った。
　　　　　　　　　　　　　　　　　　　完了助動詞　　　　　　　　　過去分詞

Wir **stehen** heute früh auf. → Wir <u>sind</u> heute früh <u>**aufgestanden**</u>.　　私達は今朝早く起きた。
　　　　　　　　　　　　　　　　　　完了助動詞　　　　　過去分詞

◆ **他動詞はすべて**、haben を完了助動詞として用います。**自動詞の多く**も、haben を完了助動詞として用います。（**haben 支配**）

Wir **haben** den Lehrer **gegrüßt**.　　　（他動詞）私たちは先生に挨拶した。

Er **hat** dir **geholfen**.　　　　　　　（自動詞）彼は君を手伝った。

Die Stadt **hat** mir **gefallen**.　　　　（自動詞）その町を私は気に入った。

◆ 自動詞の一部は、sein を完了助動詞として用います。（**sein 支配**）

① 移動を表す自動詞：kommen / gehen / reisen / fahren / fliegen / など

Ich **bin** gerade von der Uni **gekommen**.　僕はちょうど今大学から来たところです。

② 状態の変化を表す自動詞：werden / geschehen / sterben / fallen / など

Meine Großmutter **ist** an Tuberkulose **gestorben**. Mein Großvater **ist** im Krieg **gefallen**.
私の祖母は結核で亡くなりました。私の祖父は戦死したのです。

③ その他（移動や変化とは反対の意味など）：sein / bleiben / など

Er **ist** bis zu seinem Tod jung **geblieben**.　彼は亡くなるまで若々しかった。

◆ sein 支配の動詞は少ないですが、よく使う動詞ばかりです。

Na, endlich seid ihr angekommen! Um wieviel Uhr ist der Zug von München abgefahren?

Ist unterwegs etwas passiert? Ist er irgendwo stecken geblieben?

　　　　　　　　　　　　＊ sitzen, stehen, liegen はドイツ語圏南部では sein 支配、北部では haben 支配です。

4) 過去完了

◆ 過去完了形は、文中の2番目に**完了助動詞（haben/sein）の過去形**を、文末に**過去分詞**を置くことによって作ります。

【現在完了】Ich **habe** in der Nacht kaum **geschlafen**.

⇒【過去完了】Ich hatte in der Nacht kaum **geschlafen**.

【現在完了】Ich **bin** zu spät zur Schule **gekommen**.

⇒【過去完了】Ich **war** zu spät zur Schule **gekommen**.

◆ 過去完了は、過去の事柄を現在完了や過去形で語っているとき、それよりもなお過去にさかのぼった話をする場合に使います。

In der Vorlesung hat er gedöst. Wahrscheinlich hatte er nachts kaum geschlafen.

講義で彼はうたた寝をしていた。おそらく夜ほとんど眠れなかったのだろう。

2 　助動詞構文・副文・**zu** 不定詞句の完了形

1) 助動詞構文の完了形

Ich **habe** am Wochenende zu Hause bleiben **müssen**.　　週末は家にいなければならなかった。

Im See **haben** wir schwimmen **können**.　　湖で私たちは泳ぐことができました。

◆ 話法の助動詞を完了形にする場合、過去分詞は不定詞と同形になります。

不定詞	過去基本形	過去分詞
können	**konnte**	**können**
müssen	**musste**	**müssen**
dürfen	**durfte**	**dürfen**
mögen	**mochte**	**mögen**
wollen	**wollte**	**wollen**
sollen	**sollte**	**sollen**

◆ ただし、本動詞を伴わない助動詞を完了形にする場合、過去分詞は ge---t の形となります。

Er **hat** das nicht **gekonnt**. / Ihn **habe** ich **gemocht**. / Ich **habe** einen Kaffee **gewollt**.

2) 副文・zu 不定詞句の中の完了形

◆ 副文の中では、定動詞である完了助動詞は文末に置かれます（**定動詞後置**）。

Ich weiß, dass er den letzten Weltcup im Skispringen **gewonnen** hat.

Hast du gehört, dass sie krank **gewesen** ist?

◆ zu 不定詞句の中では、過去分詞のあとに完了助動詞を zu 不定詞にして、文末に置きます。

Es ist mein Glück, Deutsch **gewählt** zu haben.

Ich bin damit zufrieden, in die Schweiz **gereist** zu sein.

　男性弱変化名詞

男性名詞には下のように、単数一格以外すべてに語尾 -en または -n がつくものがあります。

単数						
	1格	der Student	der Mensch	der Junge	der Optimist	das Herz
	2格	des Studenten	des Menschen	des Jungen	des Optimisten	des Herzens
	3格	dem Studenten	dem Menschen	dem Jungen	dem Optimisten	dem Herzen
	4格	den Studenten	den Menschen	den Jungen	den Optimisten	das Herz

複数						
	1格	die Studenten	die Menschen	die Jungen	die Optimisten	die Herzen
	2格	der Studenten	der Menschen	der Jungen	der Optimisten	der Herzen
	3格	den Studenten	den Menschen	den Jungen	den Optimisten	den Herzen
	4格	die Studenten	die Menschen	die Jungen	die Optimisten	die Herzen

◆ 単数 1 格が -ist / -ent で終わるものは男性弱変化名詞です。（der Idealist, der Präsident など）

◆ das Herz は中性名詞ですが、男性弱変化と似た変化をします。

Übungen

A. 与えられたドイツ語文を現在完了形に書きかえなさい。

1) Ich mache sofort meine Hausaufgaben.

_____

2) Mein Vater geht am Abend in die Stadt.

_____

3) Ich helfe meiner Mutter beim Kochen.

_____

4) In der Nacht hört sie Schritte.

_____

5) Sie weiß, dass ihr Mann um Mitternacht nach Hause kommt.

_____

6) Schon in der zweiten Klasse fangen die Kinder an, eine Fremdsprache zu lernen.

_____

B. _____の動詞を現在完了形に、_____の動詞を過去完了形に書きかえなさい。

1) Bevor sie nach Österreich <u>fliegt</u>, <u>schickt</u> sie ein Paket.

_____

2) Hans <u>erinnert sich</u> endlich, wo er seinen Hut <u>vergaß</u>.

_____

3) Nach der Ankunft <u>muss</u> er gleich wieder zurückfahren.

_____

会話練習

例にならって、下線部を入れ替えて会話しましょう。　
58

例1）A: Was hast du <u>gestern</u> gemacht?
　　　　　　　　　　　①

　　　B: <u>Ich habe Tennis gespielt.</u>
　　　　　　　　②

例2）A: Bist du <u>am Wochenende</u> irgendwo hingefahren?
　　　　　　　　　①

　　　B: Ja, <u>ich bin nach München gefahren.</u>
　　　　　　　　③

　　　A: Was hast du dort gemacht?

　　　B: Dort <u>bin ich in die Oper gegangen.</u>
　　　　　　　②

① に使える表現

gestern	vorgestern	am Wochenende	in den Ferien
am Sonntag	am Montag	heute früh	gestern Abend
am Dienstagnachmittag	im Sommer		in der vorigen Woche

② に使える表現（haben を使って完了形で！）

Fußball / Klavier / Karten / Baseball / Geige / Schach	spielen
eine Reise / einen Ausflug / Hausaufgaben	machen
Gedichte / eine Seminararbeit	schreiben
Musik / ein Konzert	hören
einen Roman / einen Krimi	lesen
ein Museum / Freunde / meine Großeltern	besuchen
einen Kuchen / Kekse	backen
	jobben

② と ③ に使える表現（sein を使って完了形で！）

nach	Kyoto / Nara / Berlin / Zürich / Salzburg / Südtirol	fahren
nach	Griechenland / Malta / Hawai	fliegen / reisen
	in die Stadtmitte / ans Meer / in die Berge / aufs Land	fahren
	ins Theater / in den Zoo / ins Kino / einkaufen	gehen
	Ski / Schlitten / Schlittschuh	fahren
		wandern
		schwimmen

Lektion 10

Lektion 10

DIALOG *Besuch in Südtirol*

Albert : Kento, kommst du einmal zu uns nach Südtirol? Ich habe meinen Eltern von dir erzählt. Du bist herzlichst eingeladen.

Kento : Danke, ich komme gern zu Besuch. Wie fährt man dorthin?

Albert : Von Wien aus kannst du direkt nach Innsbruck fahren. Dort musst du einen

Schloss Tirol bei Meran

Zug nach Italien nehmen und in Franzensfeste umsteigen. Insgesamt dauert es ungefähr 7 Stunden von hier bis Bruneck. Am Bahnhof Bruneck wirst du von meinen Eltern abgeholt.

Kento : Das ist ein langer Weg. Wie heißt Bruneck auf Italienisch?

Albert : Auf Italienisch wird es "Brunico" genannt. Wie alle Südtiroler Ortsnamen hat der Ort seit der Faschismuszeit auch einen italienischen Namen. "Brunico" ist eine einfache Übersetzung des deutschen Namens.

Kento : Ist Südtirol im Ersten Weltkrieg von Italien besetzt worden?

Albert : Nein, nicht im Krieg, sondern nach dem Waffenstillstand. Südtirol ist 1919 gemäß dem Saint-Germain-Vertrag Italien zugesprochen worden... Übrigens ist Bruneck in der Nähe von Ladinien.

Kento : Was ist Ladinien?

Albert : Es ist das Gebiet einer sprachlichen Minderheit, der sogenannten Ladiner. Ladinisch ist eine eigenständige Sprache.

＊ 79 頁の関連地図②を参照

LESESTÜCK *Teilung Tirols*

Das österreichische Bundesland Tirol und die italienische Provinz Bozen-Südtirol, das sogenannte Südtirol, gehörten bis zum Ende des Ersten Weltkriegs zum Kronland[1] Tirol der Habsburger Monarchie. Der Brennerpass markierte bis dahin nicht die Staatsgrenze zwischen Österreich und Italien. Der Name Tirol rührt von der Grafenfamilie *von Tirol* her. Sie residierte im Mittelalter in einem Schloss bei Meran. Die Sprachgrenze zwischen Deutsch und Italienisch läuft zwischen Bozen und Trient (Trento). Gemäß dem

Saint-Germain-Vertrag wurde aber der Teil Tirols südlich vom Brenner und westlich von Innichen von Österreich abgetrennt. Dieser Teil besteht aus dem heutigen Südtirol und dem sogenannten Trentino, dem italienischsprachigen Gebiet des einstigen Tirols. Trentino wurde früher von Deutsch-Österreichern als "Welschtirol" bezeichnet und war neben Triest ein Ziel des italienischen Irredentismus[2]. Unter Mussolini waren die deutsche Sprache und die Verwendung des Namens Tirol verboten. Heute gilt aber eine Autonomie für Südtirol. Die deutschsprachige und die ladinische Kultur werden dort geschützt.

1) Kronland: オーストリア帝冠領の一州
2) Irredentismus: いわゆる「未回収のイタリア」をイタリア王国に統合することを目指したイタリアのナショナリズム運動

Grammatik　態 / 受動態の時制変化 / 状態受動 / 分詞

1　**態（能動と受動）**

動詞には、これまで学んできた**能動態**のほかに、**受動態**があります。

1）他動詞の受動態

【能動態】Er **macht** einen Vorschlag.　　　　　彼は一つの提案をする。
　　　　　　　　　　4格

【受動態】Ein Vorschlag **wird** von ihm **gemacht**.　一つの提案が彼によってなされる。
　　　　　1格

◆ 能動態を受動態に変える場合、能動文の4格目的語を受動文では1格にして主語とします。

◆ 主文の場合、受動の助動詞 werden を定動詞（主語の人称と数に一致）として文の2番目に置き、過去分詞を文末に置きます。

　　【受動態】**werden の変化形**（文の2番目）+ **過去分詞**（文末）

◆ 受動態ではよく、**動作主**（能動文の主語）**が省略**されます。不定代名詞 man（不特定の「人」を表す）が主語となっている能動文を受動態にする場合、man は消失します。

　　Man spricht in Österreich Deutsch.　　　オーストリアではドイツ語を話します。
　　1格主語　　　　　　　　　　4格

→ In Österreich wird Deutsch gesprochen. / Deutsch wird in Österreich gesprochen.
　　　　　　　　1格主語　　　　　　　　　　1格主語
　　オーストリアではドイツ語が話されます。

74

◆ 受動文の中で動作主を明示したい場合、**人間であれば** von + 3 格の形で、人以外の**原因や手段**であれば durch + 4 格で表します。（ただし、von と durch の使い分けはさほど厳しくはありません。）

    Der Sturm zerstört die Häuser.　　嵐が家々を破壊する。

→ Die Häuser werden **durch den Sturm** (**vom Sturm**) zerstört.

    家々は嵐によって破壊される。

2) 他動詞が 3 格目的語も伴う場合

    Sie erklärt <u>mir</u> <u>den Weg</u>.　　彼女は私に道を教えてくれる。
           3 格　　　4 格

→ <u>Der Weg</u> **wird** <u>mir</u> **erklärt**. / <u>Mir</u> wird <u>der Weg</u> erklärt. （誤：~~Ich werde den Weg erklärt.~~）
   1 格主語　　　　3 格　　　　　3 格　　　1 格主語

◆ 他動詞が 4 格目的語のほかに 3 格目的語を伴う場合も、受動態の 1 格主語にするのは能動文の 4 格目的語です。

◆ 3 格目的語は受動文においても 3 格のままで、1 格主語にすることはできません。

3) 自動詞の受動態

    自動詞は 4 格目的語を持たないので、次のように 1 格主語のない受動態を作ります。

    Er **hilft** <u>mir</u> beim Kochen.　　彼は私の料理を手伝う。
          3 格

→ <u>Mir</u> **wird** (von ihm) beim Kochen **geholfen**. / Beim Kochen **wird** <u>mir</u> **geholfen**.
   3 格　　　　　　　　　　　　　　　　　　　　　　　　　　　　　　　　3 格

◆ 文頭を埋めるため、仮主語 es を使う場合もあります。

    Man **arbeitet** am Sonntag nicht.　　日曜日には働きません。

→ **Es wird** am Sonntag nicht **gearbeitet**. / Am Sonntag **wird** nicht **gearbeitet**.

    Man **frühstückt** hier.　　　　　　　朝食はここで摂ります。

→ **Es wird** hier **gefrühstückt**. / Hier **wird gefrühstückt**.

◆ すべての自動詞を受動態にできるわけではありません。

    Die Kirschen blühen.　桜が咲いている。（誤：~~Es wird von den Kirschen geblüht.~~）

2 受動態の時制変化

1） 受動態の過去形

◆ 受動態の過去形も、定動詞が過去形になるだけの変化です。

Ein Vorschlag **wird gemacht.** → Ein Vorschlag wurde **gemacht.**

Die Häuser **werden** durch den Sturm **zerstört.** → Die Häuser wurden durch den Sturm **zerstört.**

Beim Kochen **wird** mir **geholfen.** → Beim Kochen wurde mir **geholfen.**

2） 受動態の完了形

◆ 完了形を作る際も原理は能動文と同じで、**完了助動詞（sein）＋文末の過去分詞（worden）** です。

【現在完了】Ein Vorschlag <u>ist</u> gemacht <u>worden</u>.
　　　　　　　　　完了助動詞　　　　　過去分詞

【過去完了】Ein Vorschlag <u>war</u> gemacht <u>worden</u>.

◆ 受動の助動詞 werden を完了形にするとき、完了助動詞はいつも sein です（sein 支配）。文末には werden の過去分詞 worden を置きます。（geworden は一般動詞 werden「〜になる」の過去分詞なので注意）

3） 受動態の未来形

◆ 未来形は〈**未来の助動詞＋文末の不定詞**〉のため、**受動態の未来形**は下のようになります。

Die Häuser **werden** durch den Sturm zerstört.

→ Die Häuser <u>werden</u> durch den Sturm zerstört <u>werden</u>.
　　　　　未来助動詞（定動詞）　　　　　　　　　　　受動助動詞（不定詞）

【まとめ】werden の 3 つの用法

① **一般動詞としての werden**：「〜になる」

Er wird Arzt　彼は医者になる。（→完了形 Er **ist** Arzt **geworden.**）

② **未来の助動詞としての werden**：「〜でしょう／だろう」

Er **wird** morgen <u>kommen</u>.　彼は明日来るでしょう。
　　　　　　　　　　不定詞

③ 受動の助動詞としての werden：「〜される」

Er **wird** vom Lehrer <u>gelobt</u>.　彼は先生に褒められる。
　　　　　　　　　　過去分詞　　　　　　　（→完了形 Er **ist** vom Lehrer gelobt **worden.**）

3　状態受動

◆ 上のような、〈**werden ＋文末の過去分詞**〉で作る受動態を動作受動といいます。

これに対し、動詞の表す動作が既に終わり、その結果が残っている状態を表すのが、状態受動です。

Die Türen **werden geschlossen**.　　ドアが閉められる。（動作受動）

Die Türen **sind geschlossen**.　　　ドアが閉まっている。（状態受動）

◆ 状態受動は〈**sein ＋文末の過去分詞**〉で作ります。

◆ 状態受動では、本動詞が表す**動作**は既に**過去**のことになっています。上の例で言えば、「閉める」動作が終わったあとの状態を表します。

◆ したがって次の文は誤りです。

【誤】 ~~In Österreich **ist** Deutsch **gesprochen**.~~

【正】 In Österreich **wird** Deutsch **gesprochen**.　　オーストリアではドイツ語が話されている。

4　分詞

過去分詞のほかに現在分詞があります。

◆ 現在分詞は不定詞に後つづり -d をつけます。kommen ⇒ kommen**d**

der **kommende** Sonntag　今度の日曜日　　**schreiende** Kinder　泣き叫ぶ子供たち

◆ 付加語形容詞（語尾が付く）として、また副詞的にも用います。

Von der Uni **zurückkommend** bemerkte ich, dass ich den Schirm vergessen hatte.（副詞的に）

大学から帰りながら私は傘を忘れたことに気づいた。

◆ 他動詞の現在分詞は「～させる」の意味で、過去分詞は「～させられた」の意味で用います。

das **bewegende** Drama　感動的な劇　　　die **bewegten** Zuschauer　感動した観衆

◆ 自動詞の場合、現在分詞は現在を、過去分詞は過去を表します。

die **vergehenden** Tage　過ぎていく日々　　das **vergangene** Jahr　昨年（過ぎ去った年）

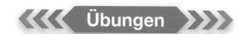

A. 与えられたドイツ語文を受動態に書きかえなさい。（下線部に一つずつ単語が入ります。）

1）Er schenkt ihr einen Ring.

_____ Ring _____ ihr von _____ _____ .

2）Man tanzt auf dem Ball.

Auf dem Ball _____ _____ .

3）Wir feiern den hundertsten Geburtstag der Sängerin.

_____ _____ Geburtstag der _____ _____ von uns _____ .

4）Er hilft der Schülerin.

_____ Schülerin _____ _____ ihm _____ .

5）Isst man gut zu Weihnachten?

_____ zu Welhnachten _____ _____ ?

6）Man spielt in Japan gerne Baseball.

In Japan _____ gerne _____ _____ .

B. 上の問題で作った受動文を、過去形・現在完了形・過去完了形・未来形に書きかえなさい。

C. 能動文は受動文に、受動文は能動文に書きかえなさい。

1）Bamberg nennt man auch „Klein-Venedig".

_____

2）Ich bin vom Professor zum Essen eingeladen worden.

_____

3）Man schließt die Banken um 15 Uhr.

_____

4）Wurde er am Bahnhof von seinem Vater abgeholt?

_____

会 話 練 習

Wie wird in Deutschland, Österreich und Japan Weihnachten gefeiert? Was macht man zu Neujahr? Erzähl mal, was da gemacht wird!　🎧 61

例） A: Wie feiert ihr Weihnachten?

B: Bei uns in Deutschland wird Weihnachten in der Familie gefeiert. Im Wohnzimmer wird ein Weihnachtsbaum aufgestellt. Ein Festessen wird gekocht und ……

auf　den Weihnachtsmann / das Christkind　warten

Reiskuchen essen　　Geschenke tauschen

Neujahrskarten schicken　　Kuchen essen　　Sekt / Sake　trinken

Weihnachtsmärkte / Christkindlmärkte　besuchen

den Weihnachtsbaum schmücken　　Plätzchen / Kekse　backen

Christmesse besuchen　　ein Festessen kochen

beim Jahreswechsel Nudeln essen　　Kindern Geld schenken

schintoistische Schreine besuchen　　Weihnachtslieder singen

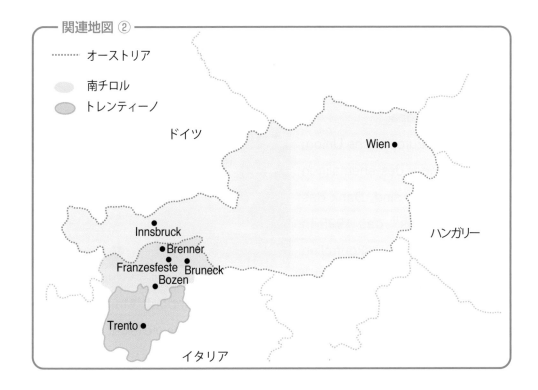

関連地図 ②

‥‥‥‥ オーストリア

◯ 南チロル

◯ トレンティーノ

ドイツ

Wien●

ハンガリー

Innsbruck
●Brenner
Franzesfeste　Bruneck
●Bozen

Trento●

イタリア

Lektion 11

LESESTÜCK *Grenzübergang ohne Pass*
62

   Als 1955 der Staatsvertrag zwischen Österreich und den Besatzungsmächten im Schloss Belvedere in Wien unterzeichnet wurde, trat der österreichische Außenminister Leopold Figl auf den Balkon, zeigte der versammelten Volksmenge den besiegelten Vertrag und sagte die inzwischen berühmt gewordenen Worte: "Österreich ist frei". Im gleichen Jahr erklärte Österreich nach dem Vorbild der Schweiz seine Neutralität bei zwischenstaatlichen Konflikten. Während des kalten Krieges wurde sie aufrechterhalten, wodurch Österreich eine Vermittlerrolle zwischen dem Ost- und Westblock spielen konnte.

   So wie die deutsche Hauptstadt Berlin liegt auch Wien nahe bei der Staatsgrenze zu den ehemaligen osteuropäischen Staaten. Nur ein wenig mehr als eine Stunde entfernt ist die ungarische Stadt Sopron, die von österreichischem Staatsgebiet umgeben ist, und in der 1989 das sogenannte „Europapicknick" stattfand. Damals, als es in Ostdeutschland keine Reisefreiheit in den Westen gab, versammelten sich vor der Staatsgrenze bei Sopron viele Ostdeutsche, die mit dem sozialistisch-einheitlich verwalteten Staat unzufrieden waren und übersiedeln wollten. Dass die damalige ungarische Regierung die Grenzzäune abgebaut und bei Grenzüberschreitungen durch

Ostdeutsche beide Augen zugedrückt hat, wurde ein starker Ansporn zur darauffolgenden demokratisierenden Umwälzung in Osteuropa.

   Heute gibt es die Europäische Union, der auch viele Länder des ehemaligen Ostblocks beigetreten sind. Dank des Schengenabkommens[1], das 1995 in Kraft trat, gibt es keine Passkontrollen innerhalb der Schengenländer mehr.

Sopron, Stadtmitte

Die Grenzzäune, Schranken und Zollhäuser sind abgebaut. Man braucht bei der Grenzüberschreitung seinen Pass nicht vorzuzeigen. Wird es vielleicht in Zukunft überall in der Welt so sein?

   1) Schengenabkommen: シェンゲン協定。1985 年にドイツ、フランス、ベネルクス三国の間で最初の調印がなされた。内容が実行に移され国境検査が廃止されたのは 90 年代後半になってから。2022 年現在、26 ヶ国が参加している。

Grammatik　関係文 / 比較変化

1　関係文

<u>Der Mann</u>, **der** dort drüben **steht**, ist mein Nachbar.　向こうに立っているその男性は私の隣人です。
先行詞　関係代名詞　　　　　定動詞

主文中の語（先行詞）に関連づけられた副文を**関係文**と言います。関係文は、**関係代名詞**で導かれ、**定動詞**で終わります。

1）定関係代名詞

関係代名詞には定関係代名詞と不定関係代名詞（後述）の2種類があります。

■定関係代名詞 der の変化

	男性名詞	女性名詞	中性名詞	複数
1格	**der**	**die**	**das**	**die**
2格	dessen	deren	dessen	deren
3格	**dem**	**der**	**dem**	denen
4格	**den**	**die**	**das**	**die**

2）関係文の作り方

<u>Der Mann</u>, **dessen** <u>Fahrrad gestohlen</u> **wurde**, ist mein Nachbar. 自転車が盗まれた男性は私の隣人です。
先行詞　　　　　　　　　　関係文

Der Mann, **dem** das Fahrrad **gehört**, ist mein Nachbar.　　自転車の持ち主である男性は私の隣人です。

Der Mann, **den** ich eben angesprochen **habe**, ist mein Nachbar. 今私が話しかけた男性は私の隣人です。

◆ 関係文の前後はコンマで区切ります。

◆ 関係文の先頭に関係代名詞を置きます。

◆ 関係文の末尾には定動詞が置かれます（関係文は副文の一種＝定動詞後置）。

◆ 関係代名詞は、先行詞と性・数が一致し、関係文中の役割（主語・目的語等）によって格が決まります。

3）前置詞を伴った定関係代名詞

Die Straßenbahn, **mit der** ich zur Uni **fahre**, hält direkt vor unserer Haustür.

私が大学へ行く際に乗る路面電車は私たちが住む建物のちょうど玄関前に止まる。

Dies ist das Haus, **in dem** Beethoven seine neunte Symphonie komponiert **hat**.

これはベートーヴェンが第9交響曲を作曲した家です。

関係代名詞が前置詞に支配される場合、関係代名詞の前（関係文の先頭）に前置詞を置きます。

4）指示代名詞

◆ 指示代名詞 der は、定関係代名詞 der とほぼ同じ変化をします。

■ 指示代名詞 der の格変化

	男性名詞	女性名詞	中性名詞	複数
1 格	der	die	das	die
2 格	dessen	deren	dessen	deren / derer
3 格	dem	der	dem	denen
4 格	den	die	das	die

Kennst du den Mann dort drüben? － Ja, **der** ist mein Nachbar.

Die Krawatte meines Freundes gefällt mir besser als **die** meines Vaters.

◆ 指示代名詞 der は定冠詞と似ていますが、単独で名詞のように用いることができます。

また、**定冠詞より強く発音します**。

◆ **強い指示性を示し、同じ語の繰り返しを避けたるために**用います。

◆ 複数 2 格の derer は、関係代名詞の先行詞となるときにのみ、使います。

Das ist das Verdienst <u>derer</u>, <u>die</u> um die Freiheit gekämpft <u>haben</u>.
　　　　　　　　　　　指示代名詞　関係代名詞　　　　　　　　　　　　　　定動詞

これは、自由のために戦った人々の功績である。

5）関係副詞 wo と als

◆ 関係副詞 wo は、場所や時を表す名詞や副詞を先行詞として、関係文を導きます。

Bad Ischl, **wo** er jeden Sommer verbracht hat, liegt im Salzkammergut.

彼が毎年夏を過ごしたバート・イシュルは、ザルツカンマーグートにある。

◆ als も時を表す名詞や副詞を先行詞にして、関係副詞的に使うことがあります。

Im Jahre 1940, **als** er vier Jahre alt war, zog er mit seiner Familie nach Graz.

彼が 4 歳であった 1940 年、家族とともに彼はグラーツへ移住した。

6）不定関係代名詞 wer と was

◆ **不定関係代名詞 wer** は、「（およそ）〜する人」という意味で、先行詞のない関係文を導きます。関係文全体が名詞の役割を持ち、主文の主語や目的語になります。格言でよく用いられます。

<u>Wer A sagt</u>, muss auch B sagen.　　　A を言う人は B も言わねばならぬ。（乗りかかった舟。）
関係文（主語）

<u>Wer</u> zu spät kommt, <u>den</u> bestraft das Leben. 遅れて来る者は人生によって罰せられる。
　　関係文　　　　　指示代名詞（4 格）　　　　　　　　　　　　　　　　　　（M・ゴルバチョフ）

◆ 不定関係代名詞 was は、「（およそ）〜するもの」という意味で、先行詞のない関係文を導いたり、etwas, alles, nichts, das など、特定の先行詞にかかる関係文を導いたりします。

Glücklich ist, **wer** vergisst, **was** nicht zu ändern ist.　（オペレッタ『こうもり』より）

どうにもならないことを忘れられる人は幸せだ。

In dieser Stadt gibt es **nichts**, **was** mir gefällt.

この町には私が好きになれるものが何もない。

Das ist **alles**, **was** ich Ihnen sagen kann.

これが、私があなたに言えることのすべてです。

2　**比較変化**

ドイツ語の形容詞や副詞は、原形に後つづり -er をつけることによって**比較級**に、-st をつけることによって**最上級**にできます。

1）規則的に作られる比較級・最上級

原級		比較級	最上級
klein	（小さい）	klein**er**	klein**st**
fleißig	（勤勉な）	fleißig**er**	fleißig**st**
schnell	（速い）	schnell**er**	schnell**st**

2）不規則的に作られる比較級・最上級

原級	比較級	最上級
jung（若い）	j**ü**ng**er**	j**ü**ng**st**
alt（古い・年老いた）	**ä**lt**er**	**ä**lt**est**
groß（大きい）	gr**öß**er	gr**öß**t
hoch（高い）	h**öh**er	h**öch**st
nahe（近い）	n**äh**er	n**äch**st
gut（良い）	besser	best
viel（多い）	mehr	meist
gern〔副詞〕（好んで）	lieber	liebst

3) 比較の用法

　① 原級を使って二つのものの同等や違いを表現することができます。（so 原級 wie ～）

　　Österreich ist **so groß wie** Hokkaido.　　　　オーストリアは北海道と同じくらいの**広さ**です。

　　Tokio ist **nicht so alt wie** Wien.　　　　　東京はウィーンほど**古く**はない。

　② 比較級は als ... と一緒に使うことができます。（比較級 als ～）

　　Deutschland ist **größ**er **als** Österreich.　　　ドイツはオーストリアより大きい。

　③ 最上級は名詞の付加語として使うことができます。

　　Er ist der **fleißigste** Student in der Klasse.　　彼はクラスでもっとも勤勉な学生です。

◆ **名詞は繰返しを避けて省略**されることがよくあります。

　　Von allen Studenten ist er **der fleißigste**.　　すべての学生のうち彼はもっとも勤勉です。

　④ 述語として使う場合、最上級は am ...sten の形となります。

　　Er ist **am fleißigsten** in der Klasse.　　　　彼はクラスの中でもっとも勤勉です。

　⑤ 副詞の最上級は am ...sten の形でしか使えません。

　　Sie hört **am liebsten** Klaviermusik.　　　　彼女はピアノ音楽を聴くのが最も好きです。

Übungen

A. （　　　）内に関係代名詞を入れ、日本語に訳しなさい。

1) Das ist unser neuer Lehrer, (　　　　　) aus Hamburg kommt.

2) Ich lese gerade den Roman, (　　　　) du mir empfohlen hast.

3) Der Zug, mit (　　　　) er fährt, hat Verspätung.

4) Zeig mir mal das Buch, von (　　　　) du so oft sprichst!

5) Ist die Dame, mit (　　　　) er eben gesprochen hat, seine Frau?

B. 関係代名詞を使って 2 つの文を 1 つに繋ぎなさい。

1) Paris ist eine schöne Stadt. In der Stadt leben sehr viele Künstler.

2) Der Film war langweilig. Ich habe ihn gestern Abend gesehen.

_____

3) Die Medikamente sind bitter. Er muss sie täglich nehmen.

_____

4) Ich habe einen Freund. Seine Frau ist eine berühmte Klavierspielerin.

_____

5) Mein Freund hat mir eine Karte geschickt. Er studiert in Deutschland.

_____

6) Die Kinder leben in einem Heim. Ihre Eltern sind schon gestorben.

_____

C. (   ) 内に **was, wo** あるいは **wer** を入れなさい。

1) (   ) der Deutsche sagte, konnte sie gut verstehen.

2) (   ) nach Italien fahren will, muss über die Alpen fahren.

3) (   ) wir als Kinder Baseball spielten, da steht jetzt ein Hochhaus.

4) Das Schönste, (   ) du mir schriebst, ist die Nachricht von deiner Verlobung.

5) Ich weiß nicht, (   ) die Leute hier suchen.

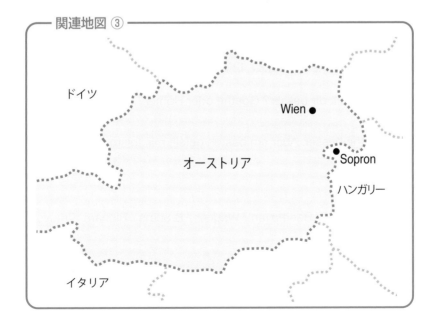

関連地図 ③

ドイツ

Wien ●

オーストリア

● Sopron

ハンガリー

イタリア

1 例文の下線部①〜③を下の表現で入れ替え、口頭練習しましょう。（＿＿の語は語形変化します。） 🎧 63

例）A: Welcher Berg ist höher, der Fuji oder die Zugspitze?
　　　　　　①　　　　②　　③　　　　　　③

　　B: Der Fuji ist höher als die Zugspitze.
　　　　　③　　　　②　　　　③

> ① r Fluss　② lang（比較級に）
>
> ③ r Rhein / e Donau / r Main / e Oder / e Elbe / r Inn（入れ替えて練習）

> ① s Land　② groß（比較級に）
>
> ③ Österreich / die Schweiz / Luxemburg / Belgien / die USA / Kanada / die Türkei

2 例文の下線部①〜④を下の表現で入れ替え、口頭練習しましょう。（＿＿の語は語形変化します。） 🎧 64

例）A: Welcher Berg ist am höchsten in Österreich?
　　　　　　①　　　　②　　　　③

　　B: Der Großglockner ist am höchsten in Österreich.
　　　　　④　　　　　②　　　　③

> ① r Fluss　② lang（最上級で am　-sten の形に）　③ Deutschland / Österreich
>
> ④ r Rhein / r Inn / r Main / e Oder / e Elbe / e Donau

> ① e Stadt　② groß（最上級で am　-sten の形に）
>
> ③ Deutschland / Österreich / die Schweiz / Tschechien / Frankreich
>
> ④ Berlin / Wien / Zürich / Prag / Paris

3 例文の下線部①と②を下の表現で入れ替え、口頭練習しましょう。（＿＿の語は語形変化します。） 🎧 65

例）A: Welcher Autor gefällt dir besser? Goethe oder Homer?
　　　　　　①　　　　　　　　　　②　　　　②

　　B: Mir gefällt Goethe besser. Aber am besten gefällt mir Tolstoi. Und dir?
　　　　　　②　　　　　　　　　　　　　　　　②

> ① r Komponist
>
> ② Bach / Händel / Mozart / Beethoven / Wagner / Brahms / Richard Strauss / Mahler

> ① e Küche
>
> ② die japanische / die deutsche / die italienische / die österreichische / die chinesische

Lektion 12

DIALOG *Abschied*

Kento : Monika, ich muss mich verabschieden. Ich
           fliege nun nach Japan zurück.

Monika : Du warst nur kurze Zeit hier.

Kento : Es wäre besser, wenn ich noch hier bleiben
           könnte! Aber mein Aufenthalt in Wien ist
           durch das Austauschprogramm nur auf ein

Flughafen Innsbruck

Jahr begrenzt. Wenn ich zurück bin, muss ich an meiner Uni in Japan weiter
studieren. Eigentlich wünschte ich mir, in deiner Nähe …

Monika : Kommst du wieder nach Wien?

Kento : Ja, unbedingt! Aber ich kann noch nicht sagen, wann. Auf jeden Fall bin ich
           fest entschlossen, möglichst bald wieder zu kommen und dann für längere Zeit
           hier zu bleiben.

Monika : Ich warte. Vielleicht besuche ich dich inzwischen einmal in Japan.

Kento : Das wäre schön. Dann würde ich dich meiner Familie vorstellen und dir Tokio
           zeigen. Ach, ich kann es kaum erwarten. Hättest du Lust, einmal nach Kyoto
           zu fahren?

Monika : Ja, sehr gern.

LESESTÜCK *Kento schreibt in sein Tagebuch*

Nun ist schon die Zeit zum Aufbrechen. Ich
muss nach Japan zurück. Rückblickend kann
ich sagen, dass dieser einjährige Aufenthalt in
Österreich etwas Entscheidendes für mein
Leben war. Was wäre aus mir geworden, wenn
ich in Japan geblieben wäre? Früher war ich
faul, an nichts interessiert und hatte keine
Visionen. Ich hätte dann wohl keine Ahnung,

Seekirchen bei Salzburg

wie anders das Leben außerhalb von Japan sein kann und wie unterschiedlich die
Leute denken und handeln. Das Fremde ist jetzt nicht mehr etwas, was mich abstößt,
sondern was mich anzieht. Jetzt kann ich mir sogar sagen, mein Lebensziel gefunden
zu haben, und vielleicht auch jemanden, der mir sehr teuer ist. Ich werde unbedingt
noch mal nach Europa kommen, und zwar das nächste Mal für längere Zeit. Ach, wenn
der Tag nur bald käme!

1) etwas Entscheidendes: 決定的なもの
2) das Fremde: 異質なもの

Grammatik 動詞の活用のまとめ / 接続法第Ⅱ式

1 動詞の活用のまとめ

これまでに学んだ、動詞が語形変化をする要因をまとめると、次の 5 つになります。

① 【Person】主語の**人称**: ich komm**e**（1 人称）/ du komm**st**（2 人称）/ er komm**t**（3 人称）

② 【Numerus】主語の**数**: ich **weiß**（単数）/ wir **wissen**（複数）

③ 【Tempus】**時制**: ich geh**e**（現在）/ ich **ging**（過去）/ ich **bin gegangen**（現在完了）/ など

④ 【Genus Verbi】**態**: Ich **grüße** sie.（能動態）/ Ich **werde** von ihr **gegrüßt**.（受動態）

⑤ 【Modus】**法**: Du **lernst** fleißig.（直説法）/ **Lerne** fleißig!（命令法）

2 接続法第Ⅱ式

◆「法」とは、その文が内容をどのように聞き手に伝えるかという伝達法のことです。ドイツ語には 3 種類の「法」があります。

◆ **直説法**は、内容をそのまま相手に伝えるごく一般的な形です。（命令文以外の、これまで出てきたすべての文）

◆ **命令法**は、2 人称で呼ぶ相手への命令・依頼を表します。

◆ **接続法**は、**間接話法**、**要求話法**、**非現実話法**に用います（英語の仮定法に相当）。

◆ 接続法には、**接続法第Ⅰ式**と**接続法第Ⅱ式**と呼ばれる二つの形があります。

＊この課では、日常会話でよく使われる接続法第Ⅱ式を学び、巻末の「文法の補足」で接続法第Ⅰ式など、文章表現を補足します。

1) 接続法第Ⅱ式の作り方

① **規則動詞**（3 基本形を規則的に作る動詞）の場合、**過去形と同形**です。

lernen	→	lernte	→	lern**te**
不定詞		過去基本形		接続法第Ⅱ式基本形

② **不規則動詞**では、過去形に**語尾 -e** を付け、語幹の母音をウムラウト（変音）できるならウムラウトします。

kommen	→	kam	→	k**ä**m**e**
不定詞		過去基本形		接続法第Ⅱ式基本形

gehen	→	ging	→	ging**e**
不定詞		過去基本形		接続法第Ⅱ式基本形

wissen	→	wusste	→	w**ü**sste
不定詞		過去基本形		接続法第Ⅱ式基本形

◆ 主語の人称と数により、下記の語尾がつきます。（過去形の人称変化語尾と同じ）

接続法第Ⅱ式 基本形	lernte	käme	hätte	wäre
定動詞	ich **lernte** du **lerntest** er **lernte** wir **lernten** ihr **lerntet** sie **lernten** Sie **lernten**	ich **käme** du **kämest** er **käme** wir **kämen** ihr **kämet** sie **kämen** Sie **kämen**	ich **hätte** du **hättest** er **hätte** wir **hätten** ihr **hättet** sie **hätten** Sie **hätten**	ich **wäre** du **wärest** er **wäre** wir **wären** ihr **wäret** sie **wären** Sie **wären**

2）接続法第Ⅱ式の使い方

① 非現実話法

◆ 事実と異なる事柄を仮定し、もしそうだったらどうなるかを推測します。

【接続法】Wenn das Wetter schön **wäre**, **ginge** ich aus.

> 天気が良ければ外出するところなのだが。
> （実際には天気が悪いから外出しない、というのが趣旨）

◆ 接続法第Ⅱ式の動詞は **würde と文末の不定詞**で言い換えることができます。

Wenn das Wetter schön **wäre**, **würde** ich **ausgehen**.

> ＊ wäre を sein würde に置き換えることも可能ですが、あまり使いません。

【直説法】Wenn das Wetter morgen schön ist, so gehe ich aus.

> 明日天気が良ければ私は外出します。
> （条件が許せば実際に外出する、というのが文の趣旨）

直説法でも接続法でも、条件を表す wenn が省かれ、代わりに定動詞が文頭に来ることがあります。意味は変わりません。

Ist das Wetter schön, gehe ich aus.

Wäre das Wetter schön, ginge ich aus.

② 条件部分のみ：非現実の願望

Wenn ich doch nur reich **wäre!** (**Wäre** ich doch nur reich!)

> 僕が金持ちであったらなあ！

Wenn ich dich doch heiraten **könnte!** (**Könnte** ich dich doch heiraten!)

> 君と結婚できたらいいのに！

③ 結論部分のみの非現実話法

Ich muss ein Taxi nehmen. Sonst **könnte** ich den Zug verpassen.

タクシーに乗らねば。さもないと列車に乗り遅れかねない。

An deiner Stelle **wäre** ich sehr verärgert.

君の立場なら僕はとても腹を立てたことだろう。

④ 婉曲・丁寧な表現

Könnten Sie mir bitte den Zucker reichen?　　　　砂糖をこちらへ頂けますでしょうか？

Ich **hätte** gern einen Apfelstrudel mit Schlagobers, bitte!

生クリーム付きのアプフェルシュトルーデルをください。

Ich **möchte** heute gern in die Oper gehen.

今日はオペラを見に行きたい気分です。

⑤ 比喩的表現（まるで〜であるかのように）

Er tut so, **als ob** er nichts davon **wüsste**. (Er tut so, **als wüsste** er nichts davon.)

彼は、まるでそのことについては何も知らないかのように振舞っている。

3) 接続法第Ⅱ式の過去時制

接続法には過去時制は一つしかありません。

	直説法	接続法第Ⅱ式	
現在	Er lernt Deutsch.	Er **lernte** Deutsch.	現在
過去形	Er lernte Deutsch.	Er **hätte** Deutsch gelernt.*	過去形
現在完了形	Er hat Deutsch gelernt.		
過去完了形	Er hatte Deutsch gelernt.		

＊接続法で過去を表すには完了の形を作り、**完了助動詞（haben / sein）を接続法**にします。

【非現実話法の過去形】

Wenn das Wetter gestern schön **gewesen** wäre, **wäre** ich **ausgegangen**.

もし昨日天気が良かったなら、外出していたことだろうに。

Übungen

A. 接続法第Ⅱ式を用い、（　　）内の語および必要な語を補ってドイツ語に書きかえなさい。

1）お金があれば私はその本を買うのだが。（現在）（Geld（無冠詞）/ haben / s Buch / kaufen）

Wenn ＿＿＿＿＿＿＿＿＿＿＿＿＿＿＿, ＿＿＿＿＿＿＿＿＿＿＿＿＿＿＿＿＿＿＿.

2）お金があったら私はその本を買ったのだが。（過去）

＿＿＿＿＿＿＿＿＿＿＿＿＿＿＿＿＿＿＿＿＿＿＿＿＿＿＿＿＿＿＿＿＿.

3）彼はまるで病気のように見える。（krank / als / ob / sein）

Er sieht so aus, ＿＿＿＿＿＿＿＿＿＿＿＿＿＿＿＿＿＿＿＿＿＿＿.

4）急ぎなさい（命令形）！さもないと君は遅刻しますよ。（sich beeilen / zu spät / kommen）

＿＿＿＿＿＿＿＿＿＿＿! Sonst ＿＿＿＿＿＿＿＿＿＿＿＿＿＿＿＿＿.

B. 例にならって、接続法第Ⅱ式を使って **Es wäre besser, ...** の文を作りなさい。

例）Der Student kommt nicht pünktlich zum Unterricht.

→Es wäre besser, wenn der Student pünktlich zum Unterricht käme.

1）Der Beamte ist nicht freundlich.

Es wäre besser, ＿＿＿＿＿＿＿＿＿＿＿＿＿＿＿＿＿＿＿＿＿＿＿.

2）Du hast keinen Mut, mir die Wahrheit zu sagen.

Es wäre besser, ＿＿＿＿＿＿＿＿＿＿＿＿＿＿＿＿＿＿＿＿＿＿＿.

C. 練習 B で作った文を過去形にしなさい。

例）Es wäre besser, wenn der Student pünktlich zum Unterricht käme.

→Es wäre besser gewesen, wenn der Student pünktlich zum Unterricht gekommen wäre.

1）＿＿＿＿＿＿＿＿＿＿＿＿＿＿＿＿＿＿＿＿＿＿＿＿＿＿＿＿＿.

2）＿＿＿＿＿＿＿＿＿＿＿＿＿＿＿＿＿＿＿＿＿＿＿＿＿＿＿＿＿.

会 話 練 習

1 次の2つの問いを周りの人に投げかけましょう。訊かれた人は答えましょう。 ₆₈

問1）Was würdest du tun, wenn du für ein Jahr frei hättest?

答の例）Dann würde ich eine Weltreise machen. Aber dazu bräuchte ich auch Geld.

eine Reise nach Europa machen   für ein Jahr in Wien wohnen

einen Roman schreiben   Sport treiben

meinen Eltern bei der Arbeit helfen   intensiv Deutsch lernen

Tolstois „Krieg und Frieden" lesen   intensiv Klavier üben

eine Tanzschule besuchen   den Führerschein machen

zum Zahnarzt gehen   ein Praktikum machen

als Volontär arbeiten

問2）Wo wärest du gern, wenn du im Ausland leben würdest? Und warum?

答の例）Ich möchte gern in Wien sein, weil ich mich für Musik interessiere.

2 下の太字部分を接続法を使った丁寧な表現に変えましょう。そのあと、下線部を様々な表現に変えて周囲の人に尋ねましょう。 ₆₉

Können Sie mir bitte sagen, <u>wo Sie wohnen</u>?

Hast du Lust, <u>mit mir ins Kino zu gehen</u>?

文法の補足

1　接続法第Ⅰ式

◆ 接続法第Ⅰ式は**間接話法**、**要求話法**などに用います。

1) 接続法第Ⅰ式の作り方

不定詞の語幹に -e を付けたものが基本形です。

lernen → lern → lern**e**
　不定詞　　語幹　接続法第Ⅰ式

◆ 主語の人称と数により、下記の語尾がつきます。（過去形の人称変化語尾と同じ）

◆ sein 動詞のみ、例外的な変化をします。

不定詞	**lernen**	**haben**	**werden**	**sein**
接続法第Ⅰ式 定動詞	ich **lerne** du **lernest** er **lerne** wir **lernen** ihr **lernet** sie **lernen** Sie **lernen**	ich **habe** du **habest** er **habe** wir **haben** ihr **habet** sie **haben** Sie **haben**	ich **werde** du **werdest** er **werde** wir **werden** ihr **werdet** sie **werden** Sie **werden**	ich **sei** du **sei(e)st** er **sei** wir **seien** ihr **seiet** sie **seien** Sie **seien**

2) 接続法第Ⅰ式の使い方

① 間接話法

誰かの話を直接引用するのではなく、自分の言葉に置き換えて伝える際、接続法第Ⅰ式を用います。

【直接話法】Er sagt: „Ich habe Hunger und Durst.“

【間接話法】Er sagt, **er habe** Hunger und Durst.

　　　　　　　　　　　*間接話法では引用文中の人称代名詞をそれが指している人に応じて地の文に合わせます。

◆ 疑問文を間接話法で引用する場合、従属接続詞 ob あるいは疑問詞で導いた副文（間接疑問文）にします。その際、副文の定動詞を接続法第Ⅰ式にします。

【直接話法】Er hat sie gefragt: „Studierst du Philosophie?“

【間接話法】Er hat sie gefragt, **ob** sie Philosophie **studiere**.

【直接話法】Monika fragt ihn: „Wo hast du so gut Deutsch gelernt?“

【間接話法】Monika fragt ihn, **wo** er so gut Deutsch gelernt **habe**.

◆ 接続法第一式が直接法と同形になってしまう場合、**接続法第Ⅱ式**を使います。

【直接話法】Die Eltern schrieben ihm: „Wir kommen bald zu dir."

【間接話法】Die Eltern schrieben ihm, dass sie bald zu ihm **kämen**.

◆ 命令や依頼は、間接話法では sollen や mögen を接続法にして表現します。

Die Mutter sagte zu ihm: „Steh auf!"

Die Mutter sagte ihm, er **solle** aufstehen.

Der Professor bat sie: „Bitte, nehmen Sie Platz!"

Der Professor bat sie, sie **möge** (möchte) Platz nehmen.

② 3 人称や 1 人称複数に対する要求話法

Man **nehme** täglich dreimal zwei Tabletten!　日に 3 回、2 錠ずつ服用ください。

Gott **sei** Dank!　神さまありがとう！（やれやれよかった／ありがたや！）

Gehen wir heim!　家に帰ろう！（動詞が直説法と同形になるため、主語と倒置する）

Nehmen Sie bitte Platz!　お座りください。（命令形として学んだこの表現、本来は要求話法）

＊敬称 2 人称 Sie は、元は複数 3 人称 sie を 2 人称に転用したものです。

3) 接続法の時制

接続法第Ⅰ式もⅡ式同様、過去時制は一つしかありません。

	直説法	接続法第Ⅰ式	
現在	Sie kommt nach Kyoto.	**Sie komme** nach Kyoto.	現在形
過去形	Sie kam nach Kyoto.	Sie **sei** nach Kyoto gekommen.	過去形
現在完了形	Sie ist nach Kyoto gekommen.		
過去完了形	Sie war nach Kyoto gekommen.		
未来形	Sie wird nach Kyoto kommen.	Sie **werde** nach Kyoto kommen.	未来形
未来完了形	Sie wird nach Kyoto gekommen sein.	Sie **werde** nach Kyoto gekommen sein.	未来完了形

＊接続法で過去を表すには完了の形を作り、完了助動詞（haben / sein）を接続法にします。

【直接引用】Sie sagte: „Ich ging sofort nach Hause, nachdem ich den Film gesehen hatte."

【間接引用】Sie sagte, sie **sei** sofort nach Hause gegangen, nachdem sie den Film gesehen **habe**.

2　形容詞の名詞化と名詞の省略

1）形容詞の名詞化

	男性名詞 （金持ちの男）	女性名詞 （老女）	中性名詞 （良いこと（善））	複数名詞 （私の子供たち）
1格	der **R**eich**e**	die **A**lt**e**	das **G**ut**e**	meine **K**lein**en**
2格	des **R**eich**en**	der **A**lt**en**	des **G**ut**en**	meiner **K**lein**en**
3格	dem **R**eich**en**	der **A**lt**en**	dem **G**ut**en**	meinen **K**lein**en**
4格	den **R**eich**en**	die **A**lt**e**	das **G**ut**e**	meine **K**lein**en**

◆ 形容詞は**語頭を大文字**で書き、付加語語尾（Lektion 7 参照）をつけることで**名詞化**されます。

◆ 名詞化された形容詞は、**男性単数は「〜な男」、女性単数は「〜な女」、複数は「〜な人々」**を意味します。

◆ **中性単数**として名詞化すると、物・事柄・抽象概念を表わし、「**〜なもの・こと**」を意味します。

◆ **無冠詞でも、定冠詞類、不定冠詞類のいずれを付けても名詞化できますが、中性単数の場合、不定冠詞を付けて名詞化することはせず**、代わりに不定代名詞 etwas のあとに無冠詞で名詞化させた形容詞を置きます。

ein Alter / eine Schöne / **etwas Gutes** / Kleine

老人（男）　 /　美女　　 /　　良いこと　/　子供たち

◆ 不定代名詞 etwas「何かあること」の反対（否定）は、不定代名詞 nichts「何もない」です。

Steht **etwas Interessantes** in der Zeitung? － Nein, in der Zeitung steht **nichts Interessantes**.

新聞に何かニュースはありますか？ － いいえ、新聞には何もニュースはありません。

2）名詞の省略

Welche von diesen zwei Krawatten gefällt Ihnen besser? **Die rote** oder **die gelbe**?

この２本のネクタイのどちらがいいですか？赤いネクタイ？それとも黄色いネクタイ？

◆ 形容詞のあとの**名詞**は、繰り返しを避けるため**省略**されることがあります。

◆ 名詞化と似ていますが、省略の場合、**語頭は小文字**のままです。

◆ **意味は省略された名詞を補って**考えます。

不定代名詞 einer と keiner

単独で用いられる不定代名詞 einer は、男性名詞、女性名詞、中性名詞で表すべきものの「一つ」、人間の場合には「一人」を意味します。複数は welche を使い、「いくつか」を意味します。その否定形は単独で用いた keiner です。

	男性	女性	中性	複数
1 格	einer	eine	ein(e)s	welche
2 格	eines	einer	eines	welcher
3 格	einem	einer	einem	welchen
4 格	einen	eine	ein(e)s	welche

	男性	女性	中性	複数
1 格	keiner	keine	kein(e)s	keine
2 格	keines	keiner	keines	keiner
3 格	keinem	keiner	keinem	keinen
4 格	keinen	keine	kein(e)s	keine

Hast du eine Uhr dabei? — Ja, ich habe **eine**. / Nein, ich habe **keine**.

君は時計を今持っているかい？ — ああ、持っているよ。／いや、持っていないよ。

Diesmal hat nur **einer** diese schwierige Prüfung bestanden.

今回、この難しい試験に合格したのはたった一人でした。（合格者が女性なら **eine**）

Diesmal hat **keiner** diese schwierige Prüfung bestanden.

今回、この難しい試験に合格した人はいませんでした。

Möchten Sie Kekse? — Ja, ich hätte gern **welche**.

クッキーはいかが？ — ええ、いくらかいただくわ。

＊ einer も keiner も二度目以降は人称代名詞で受けることができます。

4 自由添加語

動詞が要求する主語、目的語、前置詞付き目的語とは違い、構文上あってもなくても構わない副詞や副詞的語句を**自由添加語**と呼びます。次のような種類があります。

1）時の添加語

gestern（副詞）/ am Sonntag（前置詞句）/ eines Tages（副詞的2格）/ diesen Freitag（副詞的4格）など

Ich fahre **diesen Freitag** zu meinen Eltern nach Südtirol.

僕は今週の金曜日に南チロルにいる両親のもとへ行く。

Eines Tages begegnete er im Wald einem Hasen.

ある日のこと彼は森でウサギに出くわした。

2）場所の添加語：hier（副詞）/ am Meer（前置詞句）など

Wir verbringen <u>diesen Sommer</u> **am Meer**.　　　　私たちはこの夏を**海辺で**過ごす。
　　　　　　　　　　4格目的語

Der Vater spricht mit seinen Gästen **dort drüben**.　　父はお客さんと**その向こう側で**話している。

3）理由・条件の添加語

Izumi kommt **wegen einer Grippe** nicht zum Unterricht.　イズミはインフルエンザのため授業に来ない。

Kento geht **trotz des Regens** spazieren.　　　　　　　ケントは雨にもかかわらず散歩に行く。

Deshalb hat sie gelacht.　　　　　　　　　　　　　それゆえ彼女は笑ったのだ。

4）様態の添加語

Sie hat **bitterlich** geweint.　　　　　　彼女は激しく泣いた。

Wir haben **lange** auf dich gewartet.　　　僕たちは長いこと君を待っていたのだ。

ドイツ語文では、前文との繋がりが強い文成分を文頭に、伝達価値の高い文成分を文末に置く傾向が強く、語順はそれに基づいて自由に変えられますが、伝達価値が同等の**添加語が並んだ場合には**、時→理由（条件）→様態→場所の順になります。

Monika geht <u>am Nachmittag</u> <u>trotz der Kälte</u> <u>mit Kento</u> <u>im Volksgarten</u> spazieren.
　　　　　　　　時　　　　　　　条件　　　　　　様態　　　　　場所

＊**時の添加語**は、文章の冒頭など、前文との繋がりがない場合でも、文頭に置かれる傾向があります。

<u>Eines Tages</u> ging Hans <u>aus Langweile</u> <u>allein</u> <u>im Wald</u> spazieren.

《Kolumne コラム 1》ナチスとオーストリア

　無声映画『街の灯り』などで有名な喜劇王チャップリンの名前を聞いたことがある人も多いでしょう。山高帽をかぶり、ステッキを振り回すチャーリーのコミカルでどこか淋しげな姿は、セリフを語らずとも観る者の心を打ちます。そんなチャップリンの初のトーキー映画が、1940年に公開された『独裁者』です。まさにヨーロッパでファシズムが猛威を奮っていた時代。チャップリンは「独裁者」ヒンケルの滑稽な言動をグロテスクに拡大して演じ、ヒトラーを徹底的に風刺してみせました。チャップリン演じるデタラメなドイツ語を聞けば、ドイツ語を学んでいるみなさんはニヤリとするに違いありません。

　この映画『独裁者』は、ヒンケル率いるトメニアが隣国オストリッチに侵攻するニュースから始まります。このオストリッチ、オーストリア（Austria）という英語名と、エスタライヒ

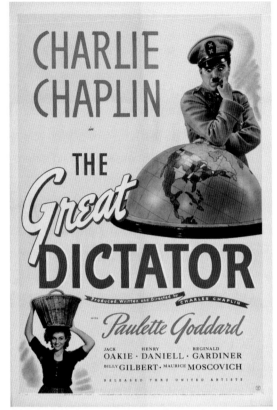

『独裁者』（1940）アメリカ劇場公開ポスター（Wikipediaより）

（Österreich）というドイツ語名を掛けあわせ、英語読みしたものにほかなりません。1938年住民投票の末、ナチス・ドイツはオーストリアを併合しました。そのあとヒトラーはさらにチェコスロバキア、ポーランドへと触手を伸ばし、第二次世界大戦になだれ込むことになります。映画は、そんな歴史的背景を踏まえているのです。

　オーストリアは、ハプスブルク帝国崩壊後、政情が安定せず、1930年代になると政党間同士の武力闘争も勃発しました。そこにつけ込んだのがヒトラーでした。こうしてオーストリアは、いったん地図から消えてなくなります。戦後、オーストリアは「自分たちがナチスの最初の犠牲者だ」と言って、過去との取り組みに頬被りしました。そして冷戦時代には、西側陣営にも東側陣営にも属さない非同盟路線を貫きます。現在のオーストリアも、EU（ヨーロッパ連合）には加盟していますが、軍事同盟であるNATOには加盟していません。

　さて、『独裁者』のラストシーン。ヒンケルと瓜二つのユダヤ人の床屋チャーリーが、独裁者と取り違えられ、国民に向けてスピーチする羽目になります。そこでチャーリーは戦争の愚かさを語ります。平和の尊さを訴えるこの映画が、たんなるヒトラー風刺を超えて、今日まで観続けられるゆえんでしょう。

（國重裕）

《Kolumne コラム 2》 ヴァンパイアの意外なルーツ

　ヴァンパイアという怪物のことは、誰もが聞いたことがあるでしょう。見目麗しい吸血貴族としてのヴァンパイアのイメージは、多くの人が共有していることと思います。しかし、ヴァンパイアがオーストリアと関係が深いと聞くと、ほとんどの人が驚くのではないでしょうか。ヴァンパイアというのは、もともとは東欧や南欧に広がる、蘇る死者に関する民間伝承の一つでした。これは、現代の我々になじみのあるヴァンパイアのイメージとは全く異なっていました。彼らは、主に生前は農民で、土くさく、垢ぬけておらず、どちらかと言えばゾンビに似たような存在です。

　こうした民間伝承上のヴァンパイアが西洋に持ち込まれるきっかけになった事件は、当時の神聖ローマ帝国領で起こったのです。今でいうセルビア地方、オスマン・トルコ帝国との国境付近に位置する小村で、村人がヴァンパイアに襲われたという事件が起きました。調査にあたったのは宮廷軍事局、つまり、れっきとした帝国の役人だったのです。彼らは、ヴァンパイアを恐れる村人たちの要請にしたがい、わざわざ墓を掘り起こして、死体の検分を実施しました。そして、村人たちは慣習通りに死体に杭を刺し、燃やして灰にして川に流しました。この事件は、当時の新聞で騒がれ、ヴァンパイアという超常現象を解明するために十八世紀を通して議論が紛糾しました。

　興味深いことに、神聖ローマ帝国の皇后マリア・テレジアもヴァンパイアと無関係ではありません。政治に疎い夫フランツ一世に代わり、辣腕をふるっていた彼女は、侍医であるヘラルト・ファン・スウィーテンという宮廷医師に命じて、蘇る死者現象を調査させています。彼は、死体が腐敗しない原因を科学的に説明し、迷信を信じることの愚かさを説き、そうした超常現象を否定します。また、マリア・テレジア治世下の 1755 年には、死者の蘇りを恐れて墓を掘り起こすことを禁ずる法令まで出されています。こうした事例は、迷信が人々に与える影響が、いかに大きいものであるかということを物語っていると言えるでしょう。

　啓蒙主義時代には理性を重視する風潮が強まり、人々は様々なものごとに光を当て、解明しようとしました。しかし、それで世の中から未知なるものが駆逐されたかというと、決してそんなことはありません。十八世紀末から十九世紀初頭にかけて、ドイツ語圏の文学ではロマン主義運動が起こり、理性では解き明かせないものに焦点が当てられるようになります。そして、ヴァンパイアが文学でも取りあげられ始めます。光が強ければ強いほど、影の部分もまた同じほど強く、そして魅力的になっていくということなのかもしれませんね。

（森口大地）

《Kolumne コラム 3》 チロルはただ一つ[1]？

　「チロル」という言葉で何を連想しますか？
と、授業の際に学生に尋ねてみると、返ってくるのは「チョコレート」、「近所のパン屋さん」と
いった答えが多いのですが、ときには、「ヨーロッパのどこか」と答えてくれる人もいます。で
も、「どの辺り？」と尋ねると、みなさん答えに窮してしまうようです。もちろん、学生だけで
はありません。大抵の日本人は、チロルがどこにあるか知らないのではないでしょうか。

　チロルは、まとまりを持った一つの地域でありながら、内部に国境線が二本走っています。そ
れは、オーストリアからイタリアに跨っているからです。でも、なぜ一本ではなく、二本なので
しょう？

　アルプス北側のオーストリアに属す地域は「北チロル」と呼ばれます。イタリアに属している
地域は一般に「南チロル」と呼ばれますが、正式には「ボーツェン＝南チロル」県という行政区
域をなしています。南チロルの東隣にも、「東チロル」と呼ばれる地域があり、ここはまたオー
ストリア領で、北チロルとともにオーストリア・チロル州をなしています。しかし、北チロルと
東チロルは、あいだにイタリア領の南チロルが挟まっているため、地続きではないのです。別の
見方をすれば、チロルの中を国境線が二本走っている、ということになります。

　オーストリアのチロル州では、もちろんドイツ語が話されます。イタリアにある南チロルで
も、ドイツ語話者が 7 割を占めています。イタリア人が多数となるのはさらに南下した、お隣の
トレント県からです。トレントと南チロルの 2 県は、「トレンティーノ・アルト＝アディジェ自
治州」を構成しています。しかし、同じ州の中に、ドイツ語話者が大半を占める南チロルとイタ
リア人が圧倒的に多いトレントが同居していたのでは、「自治」がうまく機能しないので、国お
よび州政府の権限は時とともに縮小され、代わりに二つの県それぞれに大幅な自治権が与えられ
ました。

　それだけではありません。南チロルとトレント県には、少数民族ラディン人も住んでいます。
今はドイツ語を話しているチロル人の中にも、祖先はラディン人だった人が少なくないようで
す。ラディン人の由来ははっきりしませんが、ラディン語は、スイスのロマンシュ語、北東イタ
リアに残るフリウリ語とともにレト・ロマンス語に数え入れられます。レト・ロマンス語とは、
古代ローマ帝国の属州だったレティアの住民の言葉が現在に生き残ったもので、ラテン語の影響
が顕著です。6 世紀にゲルマン人が南下するまで、このあたり一帯で話されていました。

　でも、どうしてこんな複雑なことになったのでしょう？「チロル」という名称はそもそも、南
チロルに今も聳えるチロル城（73 頁写真）に由来します。13 世紀、ここを居城とするフォン・
チロル伯が、あたり一帯を支配下に置いたのがチロルの原形になりました。14 世紀には支配権
がハプスブルク家に移譲されてオーストリアの一部になります。その後、首都はインスブルック
に移され、神聖ローマ皇帝マクシミリアン一世の治世にはとても繁栄しました。19 世紀初頭に

は、攻め寄せるナポレオン軍を三度まで撃退したことも、住民の誇りとなっています。

　現在のようにチロルがオーストリアとイタリアに分断されたのは、第一次世界大戦が終わったときです。戦勝国とオーストリアが結んだサン・ジェルマン条約（1919）によって、現在の南チロル、トレント、そしてアドリア海に面するトリエステがイタリアに割譲されました。

　つまりトレントもまた、それまではチロルの一部だったのです。しかし、オーストリア時代にもこの地域ではイタリア人が多数を占め、役場でもイタリア語が使われていました。1861年にイタリア王国が成立したあと、トレントは、国外のイタリア語地域を王国内に取り込もうとする「イレデンタ」（未回収のイタリア）運動の目的地となりました。ちなみに、第二次世界大戦後に長くイタリアの首相や外相を務めたアルチド・デ＝ガスペリはこの地域の出身で、かつてはオーストリア帝国議会議員を務めていた人物です。ヨーロッパには、単純に国の枠組みで括ることのできないこうした地域がざらにあるのです。

　イタリアに割譲されたあと、南チロルは、ファシズム政権下で苦難の道を歩むことになります。そのあたりのことは、この教科書の本文を読んでください。

（今井敦）

1) Tirol というドイツ語をなるべく忠実にカタカナ表記すれば「ティロール」ですが、ここでは慣用表記にしたがい、「チロル」としています。「チロルはただ一つ」(Tirol isch lei oans) という歌詞で始まる有名な歌があります。

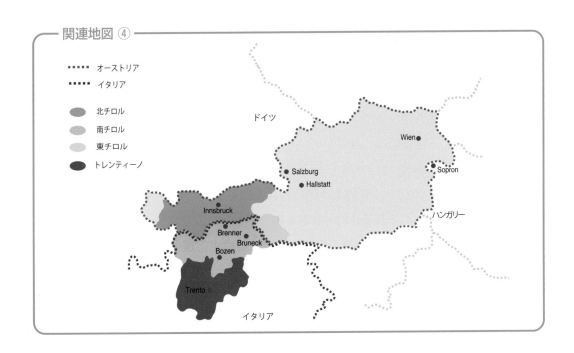

関連地図 ④

- ･････ オーストリア
- ･･･ イタリア
- ■ 北チロル
- ■ 南チロル
- ■ 東チロル
- ■ トレンティーノ

ドイツ

Wien
Salzburg
Hallstatt
Sopron
ハンガリー
Innsbruck
Brenner
Bruneck
Bozen
Trento
イタリア

《Kolumne コラム 4》汎(はん)ヨーロッパ・ピクニック

　ベルリンの壁といえばヨーロッパ分断の象徴と言われますが、どのような経緯で開放されたのかを語るうえで忘れてならないのが、ハンガリーで始まっていた民主化の動きです。同国は、1988年秋にネーメト首相を中心とする若手改革派で固められた新政権が発足すると、一党独裁制の放棄と西側への復帰を決め、89年5月2日、オーストリアとの国境に張り巡らされていた鉄条網の一部を切断し、鉄のカーテンに最初の穴を開けました。

　一方、壁を建設した東ドイツのホーネッカー国家評議会議長は、社会主義を頑なに守り、秘密警察に国民の私生活を厳しく監視させていました。そのような自国に絶望した多くの若い人々が、西側に脱出できると信じ、初夏以降、ハンガリーを目指して南下を始めます。

　ところが、ハンガリー・オーストリア国境が開放されたといっても、通行許可が下りたのはハンガリーのパスポートをもった人のみだったので、国境付近には、西側に行けず、さりとて捨てた国に戻る意志もない東ドイツ市民が日増しに増えていく状況でした。

　そんな彼らを半ば強引に越境させようとして周到に計画されたのが「汎ヨーロッパ・ピクニック」でした。きっかけは、オーストリア・ハプスブルク家の当主で、ヨーロッパ議会の議員でもあったオットー・フォン・ハプスブルクのハンガリー訪問でした。東西分断を解消してヨーロッパをかつての姿に戻すための活動を続けてきた同氏に対し、ハンガリー民主フォーラムのメンバーから、国境地帯に東西の人々が集まり、将来のヨーロッパ統合を語り合う集会を開催してはどうか、との提案が出されました。ただし、それは表向きの話で、その催しに乗じて、東ドイツ市民を白昼堂々大量に西へ逃れさせるのが真のねらいでした。民主フォーラムから出されたこのヨーロッパ・ピクニック計画は、その後、ポジュガイ政治改革相らによって具体化されていきます。

　ピクニックの場所に選ばれたのは、国境の小さな町ショプロン。ここはハンガリー領土がオーストリア側に深く食い込んだ場所で、鉄のカーテンが一番薄い所でした。101頁の関連地図④を見てみましょう。また、国境付近に滞在していた東ドイツ市民にピクニックへの参加を呼びかけるドイツ語のビラも数千部撒かれました。何と書かれているか、皆さんにも読めると思います。

　1989年8月19日。この日、3時間だけ開けられた門を通って600人から700人の東ドイツ市民が脱出に成功しました。その報せに一番胸を撫で下ろしたのはネーメト首相でした。というのも、ハンガリーには、1956年、ソ連の権威に反対する民主化運動をそのソ連軍に徹底的に弾圧された過去があったうえ、89年当時も6万人のソ連軍兵士が駐留していたからです。しかし、ピクニック計画の成功によって、「もう軍事介入はしない」というソ連のゴルバチョフ書記長の約束が偽りでないことが証明されました。ハンガリーはさらに9月11日、国内にいる東ドイツ市民の合法的出国を認めたことにより、西への大量脱出が加速化し、ベルリンの壁をも突き崩す大きな力になりました。最初は冗談から始まった計画でしたが、20世紀初めまで一つの国を構

成していたオーストリアとハンガリーならではの見事な連携プレーで、世界史の流れを大きく変える事件になったのです。

　しかし、2015年の欧州難民危機では、このハンガリーが、EUに入ろうとする移民・難民の侵入を阻止するため、セルビアおよびクロアチアとの国境線に鉄条網を築きました。歴史とはつくづく皮肉なものですね。

（中祢勝美）

東ドイツ市民にピクニックへの参加を呼びかけるビラ（出典：Stiftung Paneuropäisches Picknick'89, https://www.paneuropaipiknik.hu/de）

《Kolumne コラム 5》 ナチス・ドイツと「想起の文化」

映画『インディ・ジョーンズ』シリーズなど、しばしば悪の代名詞として描かれるナチス・ドイツと総統アドルフ・ヒトラー。彼らは他のヨーロッパの国々に侵略戦争を仕掛け、国内では彼らに反抗的な人々やユダヤ人、少数民族、障害を持った人々などを迫害し、虐殺しました。ドイツはその過去を強く反省し、二度とそのようなことを行わないように国づくりを行ってきました。そのことは 2010 年代にシリアなどからの難民に対して人道的に対応し、多くの人々を受け入れたことにも表れています。

ナチスはもともとドイツの弱小政党の一つでした。彼らが大きな力を得たのは、第一次世界大戦（1914-1918）でドイツが敗戦し、経済的な打撃を被ったことと大きく関係しています。ドイツは国土の荒廃とともに多額の賠償金によって困窮し、さらに 1929 年に始まった世界恐慌が追い打ちをかけました。そこでナチスは経済の復興を掲げ、特別な演説の才能を持ったヒトラーを中心に、政治的な思想をラジオや映画、新聞、ポスターなど、様々なメディアを通じて宣伝（プロパガンダ）することで人々の心を掌握し、勢力を伸ばしました。1932 年にナチスが国政選挙に勝利すると、翌年ヒトラーが首相に就任して、立法と行政の両方をナチスが掌握する「全権委任法」を成立させました。こうしてあくまで民主的に、ナチスがドイツを支配することになったのです。

ナチスは、青い目やブロンドの髪をした「アーリア人」の血筋を理想化し、そこに属さない人々を社会から強制的に排除し、抹殺しようとしました。そうした人々の間に優劣をつける思想を「優生思想」と呼びます。この思想が実際に政策として遂行された背景には、裕福なユダヤ人の財産を没収して国庫に入れ、障害を持った人々の保護にかかるコストをカットするなど、国の財政や経済を最優先する考え方も大きく関与していました。

ナチス・ドイツが第二次世界大戦（1939-1945）で敗北した後、それまで権力を持っていた人々の多くはニュルンベルク軍事裁判で裁かれましたが、一部の人間は国を運営していくため、引き続き主要なポストに就き続けました。そのため、ドイツでは戦争責任に対する議論が継続的に起こってきました。ドイツでは、戦争責任を真摯に反省し、その記憶を後世に伝えていくための多様な取り組みを「想起の文化」と呼びます（詳しくはアライダ・アスマンの著作を参照してください）。例えば、殺害されたユダヤ人や障害を持った人々が生前住んでいた家の前に金属製のパネルを埋め、彼らが実際にそこに生きていた事実を伝える「つまずきの石」という試みが広く行われています。また、殺害された人々を悼む碑や博物館がドイツ各地にいくつも建てられ、多くの人々が訪れています。「想起の文化」は、国や自治体、学校機関だけでなく、一般市民が主体となって担われることが多いのも特徴的です。現代ドイツのナチス・ドイツとの向き合い方は、同じ敗戦と復興の歴史を持つ日本に住む私たちに多くのことを示唆しているでしょう。

　フランクフルト・アム・マインの街角に設置された「つまずきの石」（筆者撮影）。1943年6月15日に殺害されたミンナ・シュタイガーヴァルトさんが現実にここに住んでいたという証しを示すことで、ナチス・ドイツが今の世界と地続きであることを見る人に伝えています。

　ベルリンにある、殺害された障害を持つ人々を悼む碑とそれを見学する人々（筆者撮影）。奥にはドイツ・クラシック音楽の殿堂、ベルリン・フィルハーモニーのコンサートホールがあり、正の側面と負の側面とが並存するドイツという国自体を象徴する場所となっています。

（林　英哉）

ドイツ語圏の歩み（おもに当教科書と関連するできごと）

1740 年：ハプスブルク家に男系が絶え、マリア・テレジアが家督を継ぐ。夫がのちに神聖ローマ皇帝フランツ 1 世となるが、オーストリア大公とハンガリー王などを兼ねていたマリア・テレジアは、いわゆるハプスブルク帝国（オーストリア）の実質的統治者であった。

1749 年：詩人ゲーテ、フランクフルトに生まれる（1832 年没）

1755 年：マリア・テレジア、墓を掘り起こすことを禁ずる法令（ヴァンパイア対策）

1791 年：モーツァルト、ウィーンにて 35 歳で没。

1797 年：シューベルト、ウィーンに生まれる（1828 年没）。

1804 年：ナポレオン、フランス皇帝即位

1806 年：神聖ローマ帝国消滅。最後の皇帝フランツ 2 世は以後、「オーストリア皇帝」フランツ 1 世を名乗る。

1814 年：ウィーン会議

1827 年：ベートーベン、ウィーンにて没。

1848 年：ドイツやオーストリアで一連の「3 月革命」（失敗に終わる）。

1854 年：バイエルン公女エリーザベト（愛称「シシィ」）、オーストリア皇帝フランツ・ヨーゼフに嫁ぐ

1871 年：プロイセン王がドイツ皇帝に即位。オーストリアを除いた形でドイツ統一

1914 年：第 1 次世界大戦勃発

1918 年：ドイツ皇帝、オーストリア皇帝ともに退位し、両国とも共和国に

1919 年：ドイツと戦勝諸国のあいだでヴェルサイユ条約が、オーストリアと戦勝諸国のあいだでサン・ジェルマン条約が締結。ハンガリー、チェコスロバキア、ユーゴスラビアなどが独立。南チロルはトレンティーノなどとともにイタリアに割譲。それまで多民族国家であったオーストリアは概ねドイツ語を話す人々ばかりの国となる。

1922 年：ムッソリーニの「ローマ進軍」（政権掌握）。ファシズム政権下、南チロルのイタリア化政策が進む（ドイツ語使用は禁じられる）

1933 年：ドイツでヒトラーが政権に就く。オーストリアにもファシズム政権が成立したが、ドイツとの統一を主張するナチズムおよび共産主義は禁止される

1938 年：ナチス・ドイツによるオーストリア併合

1939 年：ドイツ軍のポーランド侵攻により、第 2 次世界大戦がはじまる

1940 年：チャップリンの映画『独裁者』公開（日本では 1960 年公開）

1943 年：イタリア無条件降伏のあと、ドイツ軍がローマ以北のイタリア半島を制圧

1945 年 5 月：ヨーロッパで第 2 次世界大戦の戦闘が終結

1949 年：戦勝 4 か国占領地区から東西ドイツが成立

1955 年：オーストリアが占領 4 か国と国家条約を結んで独立を回復

1961 年：東独が市民の西側流出を止めるためベルリンの壁を構築

1989 年：ハンガリーの国境の町ショプロンで、「汎ヨーロッパ・ピクニック」。11 月 9 日、ベルリンの壁開放

1990 年：ドイツ再統一

1993 年：EU（ヨーロッパ連合）発足

1995 年：シェンゲン協定発効（国境検査撤廃）

2015 年：ヨーロッパ難民危機

おもな不規則動詞の変化表

不 定 詞	直説法現在	直説法過去	接続法第2式	過去分詞
beginnen 始める、始まる		**begann**	begänne (begönne)	**begonnen**
bieten 提供する		**bot**	böte	**geboten**
binden 結ぶ		**band**	bände	**gebunden**
bitten 頼む		**bat**	bäte	**gebeten**
bleiben とどまる		**blieb**	bliebe	**geblieben**
brechen 破る	*du* brichst *er* bricht	**brach**	bräche	**gebrochen**
bringen もたらす		**brachte**	brächte	**gebracht**
denken 考える		**dachte**	dächte	**gedacht**
dürfen 〜してもよい	*ich* darf *du* darfst *er* darf	**durfte**	dürfte	**gedurft** **(dürfen)**
essen 食べる	*du* isst *er* isst	**aß**	äße	**gegessen**
fahren （乗り物で）行く	*du* fährst *er* fährt	**fuhr**	führe	**gefahren**
fallen 落ちる	*du* fällst *er* fällt	**fiel**	fiele	**gefallen**
fangen 捕まえる	*du* fängst *er* fängt	**fing**	finge	**gefangen**
finden 見つける		**fand**	fände	**gefunden**
fliegen 飛ぶ		**flog**	flöge	**geflogen**
geben 与える	*du* gibst *er* gibt	**gab**	gäbe	**gegeben**
gehen 行く		**ging**	ginge	**gegangen**
gelingen うまくいく		**gelang**	gelänge	**gelungen**
gelten 有効である	*du* giltst *er* gilt	**galt**	gölte	**gegolten**
genießen 楽しむ		**genoss**	genösse	**genossen**

不 定 詞	直説法現在	直説法過去	接続法第 2 式	過 去 分 詞
geschehen 起こる	*es* geschieht	**geschah**	geschähe	**geschehen**
gewinnen 得る		**gewann**	gewänne (gewönne)	**gewonnen**
graben 掘る	*du* gräbst *er* gräbt	**grub**	grübe	**gegraben**
greifen つかむ		**griff**	griffe	**gegriffen**
haben 持っている	*du* hast *er* hat	**hatte**	hätte	**gehabt**
halten つかんでいる	*du* hältst *er* hält	**hielt**	hielte	**gehalten**
hängen かかっている		**hing**	hinge	**gehangen**
heißen 〜と呼ばれる		**hieß**	hieße	**geheißen**
helfen 助ける	*du* hilfst *er* hilft	**half**	hülfe (hälfe)	**geholfen**
kennen 知る		**kannte**	kennte	**gekannt**
kommen 来る		**kam**	käme	**gekommen**
können 〜できる	*ich* kann *du* kannst *er* kann	**konnte**	könnte	**gekonnt** (**können**)
laden 積む	*du* lädst *er* lädt	**lud**	lüde	**geladen**
lassen 〜させる	*du* lässt *er* lässt	**ließ**	ließe	**gelassen** (**lassen**)
laufen 走る	*du* läufst *er* läuft	**lief**	liefe	**gelaufen**
lesen 読む	*du* liest *er* liest	**las**	läse	**gelesen**
liegen 横たわっている		**lag**	läge	**gelegen**
mögen 好きである 〜かもしれない	*ich* mag *du* magst *er* mag	**mochte**	möchte	**gemocht** (**mögen**)
müssen 〜しなければならない	*ich* muss *du* musst *er* muss	**musste**	müsste	**gemusst** (**müssen**)
nehmen 取る	*du* nimmst *er* nimmt	**nahm**	nähme	**genommen**

不　定　詞	直説法現在	直説法過去	接続法第2式	過　去　分　詞
nennen 名を言う		**nannte**	nennte	**genannt**
raten 助言する	*du* rätst *er* rät	**riet**	riete	**geraten**
reiten 馬に乗る		**ritt**	ritte	**geritten**
rufen 呼ぶ		**rief**	riefe	**gerufen**
scheinen 〜に見える、輝く		**schien**	schiene	**geschienen**
schlafen 眠っている	*du* schläfst *er* schläft	**schlief**	schliefe	**geschlafen**
schlagen 打つ	*du* schlägst *er* schlägt	**schlug**	schlüge	**geschlagen**
schließen 閉じる		**schloss**	schlösse	**geschlossen**
schneiden 切る		**schnitt**	schnitte	**geschnitten**
schreiben 書く		**schrieb**	schriebe	**geschrieben**
schreien 叫ぶ		**schrie**	schriee	**geschrie[e]n**
schweigen 黙る		**schwieg**	schwiege	**geschwiegen**
schwimmen 泳ぐ		**schwamm**	schwömme (schwämme)	**geschwommen**
sehen 見る	*du* siehst *er* sieht	**sah**	sähe	**gesehen**
sein 〜である	*ich* bin *du* bist *er* ist	**war**	wäre	**gewesen**
singen 歌う		**sang**	sänge	**gesungen**
sinken 沈む		**sank**	sänke	**gesunken**
sitzen すわっている		**saß**	säße	**gesessen**
sollen 〜すべきである	*ich* soll *du* sollst *er* soll	**sollte**	sollte	**gesollt** **(sollen)**
sprechen 話す	*du* sprichst *er* spricht	**sprach**	spräche	**gesprochen**

不 定 詞	直説法現在	直説法過去	接続法第２式	過 去 分 詞
stehen 立っている		**stand**	stünde (stände)	**gestanden**
steigen 登る		**stieg**	stiege	**gestiegen**
sterben 死ぬ	*du* stirbst *er* stirbt	**starb**	stürbe	**gestorben**
tragen 運ぶ	*du* trägst *er* trägt	**trug**	trüge	**getragen**
treffen 出会う	*du* triffst *er* trifft	**traf**	träfe	**getroffen**
treiben 追う		**trieb**	triebe	**getrieben**
treten 歩む	*du* trittst *er* tritt	**trat**	träte	**getreten**
trinken 飲む		**trank**	tränke	**getrunken**
tun する	*ich* tue *du* tust *er* tut	**tat**	täte	**getan**
vergessen 忘れる	*du* vergisst *er* vergisst	**vergaß**	vergäße	**vergessen**
verlieren 失う		**verlor**	verlöre	**verloren**
verschwinden 消える		**verschwand**	verschwände	**verschwunden**
wachsen 成長する	*du* wächst *er* wächst	**wuchs**	wüchse	**gewachsen**
waschen 洗う	*du* wäschst *er* wäscht	**wusch**	wüsche	**gewaschen**
wenden 向ける		**wandte**	wendete	**gewandt**
werden ～になる	*du* wirst *er* wird	**wurde**	würde	**geworden** **(worden)**
werfen 投げる	*du* wirfst *er* wirft	**warf**	würfe	**geworfen**
wissen 知っている	*ich* weiß *du* weißt *er* weiß	**wusste**	wüsste	**gewusst**
wollen ～したい	*ich* will *du* willst *er* will	**wollte**	wollte	**gewollt** **(wollen)**
ziehen 引く		**zog**	zöge	**gezogen**

今井　敦（いまいあつし）
龍谷大学
中祢勝美（なかねかつみ）
天理大学
林　英哉（はやしひでや）
三重大学
森口大地（もりぐちだいち）
関西学院大学（非常勤）

© ドイツ語の基礎―新しい視点から
Deutsch elementar
Ein Ausflug in die deutsche Sprache

2023 年 2 月 10 日　初版発行　　定価 本体 2,500 円（税別）

著　者	今　井　　　敦
	中　祢　勝　美
	林　　　英　哉
	森　口　大　地
発行者	近　藤　孝　夫
印刷所	萩原印刷株式会社
発行所	株式会社 同　学　社

〒112-0005　東京都文京区水道 1-10-7
電話 (03) 3816-7011 (代表) 振替 00150-7-166920

ISBN978-4-8102-0749-1　　　　　　Printed in Japan